イスラームを知る

22

アラブ連盟

ナショナリズムとイスラームの交錯

Kitazawa Yoshiyuki

北澤義之

アラブ連盟　ナショナリズムとイスラームの交錯　目次

監修：NIHU（人間文化研究機構）プログラム　イスラーム地域研究

「アラブ」という政治空間の成立

二〇一四年現在の中東地域(図参照)の人口は約五億であるが、その約六割がアラブ諸国であり、そのすべてがアラブ連盟に加盟している。アラブ連盟は一九四五年三月に、エジプト・イラク・シリア・レバノン・トランスヨルダン(現ヨルダン)・サウジアラビア・北イエメン(現イエメン)の七カ国により設立された。その後、加盟国は増え、現在二二カ国(パレスチナを含む)が加盟している。EUの起源ともなるヨーロッパ石炭鉄鋼共同体(ECSC)より七年、また国連より数カ月早く活動を始めた先駆的な地域機構である。

一九五〇年十一月に国連事務総長の提案によりアラブ連盟事務総長は国連のオブザーバーとして承認され(国連総会決議第四七七号)、アラブ連盟は国際的にも認知されている。ただアラブ連盟はEUやASEANなどの多民族的性格をもつ組織とは違い、加盟資格がアラブの国であるという民族主義的条件にもとづいている。具体的には主要言語がアラビア語であるか、主要言語でなくてもその国でアラビア語が使用されていることが条件である。すなわちアラブ連盟はナショナリズムにもとづくアラブの解放を志向したのである。

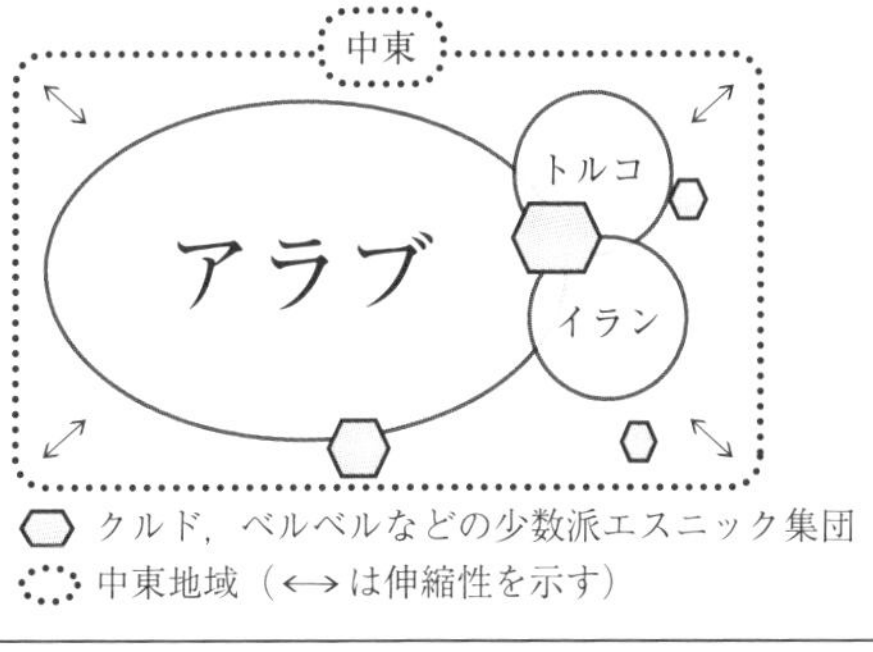

◀図1　中東地域とおもなエスニック・アイデンティティ　「中東」とは20世紀からおもに使用されるようになった地域名称。おもに欧米中心の戦略的関心を反映した地域概念であり，使用者により範囲は異なる。本書では，いわゆるMENA(中東・北アフリカ)地域およびトルコを含めて中東として扱っている。

その点でナショナリズムを克服することで地域的発展を志向したEUとは対照的である。

アラブ連盟は、パレスチナ問題をめぐる対イスラエル戦略の構築、アラブ諸国の独立運動への支援、イラン・イラク戦争など地域紛争への対応、そしてレバノン内戦に代表される各種のアラブ域内紛争への対応を模索してきた。しかし、加盟国はアラブ民族としての協力の仕方をめぐり「急進派」と「穏健派」の対立に陥った。また時として「王政派」と「共和派」の対立による国内の政治変動への他のアラブ国からの介入もみられた。これらの問題にさいして、アラブ連盟は十分効果的な調停機能を発揮できない場合も多く、加盟国からの内部批判が表面化することがあった。例えば、かつてリビアの最高指導者カダフィ大佐はアラブ連盟の機能不全を理由に脱退を表明したし、エジプトのムバーラク大統領が連盟の解体論を提唱したこともあった。とくに一九九〇年の湾岸危機では、欧米の圧力の前に地域的調整機能をはたせず、そのうえ重要な課題の一つである中東和平プロセス(一二一頁参照)に直接関与することもできなかったことが、アラブ連盟の影響力低下を国際的に印象づけることになった。

しかしながら、アラブ連盟の発展の歴史を考察することには少なからぬ意義がある。まずアラブ連盟は多くのアラブ諸国の独立に先行して、一九四〇年代までに独立したアラブ諸国によって創設された。そのためアラブ連盟は、アラブ諸国の独立、独立後の域内的調整、国家形成をめぐる諸問題に直接的・間接的なかたちで関与する機会が多くみられた。アラブ連盟はその歴史をとおして「アラブ世界」をめぐる「アラブ政治」という政治空間の成立・発展と軌を一にしており、アラブ連盟の歴史を振り返ることは、勢いアラブ諸国の関係をみなおす一つの視点を提供すると考えられるのである。さらにアラブ諸国の政治や国際関係のなかで多様な影響をおよぼしたアラブナショナリズムを検討することが可能になる。アラブナショナリズムの歴史的意義は「植民地的状況からのアラブとしての集団的解放」という目的を達成し、アラブの独立運動を推進することにあった。それに関して、アラブ連盟にはアラブの独立運動支援という実質的な貢献とともに、アラブ間の協力につながる域内的・域外的公共性付与という象徴的役割があったのではと考えられる。また、アラブナショナリズム全盛期には、アラブ連盟が当初目標としたアラブ諸国の主権維持尊重という立場をめぐり、連盟自体がいわば各国ナショナリズムと広域的ナショナリズムの葛藤の場となったことも重要である。さらに連盟の中心的目的ではなかったが、アラブナショナリズムとの関係をとおしてアラブ連盟がイスラームと政治の問題で一定の役割を負うことがあったこともわかる。

一九九〇年代には、ほぼ地域機構としての限界を示しながらも、脱アラブナショナリズム的傾向が強まるなかで組織解体の危機に対応してきた。とくに「アラブの春」(一一六頁参照)以降の地域的変動のなかで、これまでの解放や統一中心のナショナリズム運動においては副次的な位置にあった、新たな価値（人権、市民的民主主義）が注目された。そして地域的文脈にもとづくそれへの対応・調整において、アラブ連盟が新たな域内関係構築への媒介となる可能性にも注目する必要がある。

最後に本書の構成について。第1章ではアラブ諸国の特徴やアラブ連盟の組織的概要、域内問題に関する歴史的役割について整理する。第2章ではアラブ諸国やアラブ連盟の発展と大きく関わりのあったアラブナショナリズムとはどのようなものかを概説する。とりわけアラブ連盟とも深い関わりをもち、アラブの政治家や思想家に影響をおよぼしたサーティウ・アルフスリー（三五頁参照）のアラブナショナリズム思想の特徴と、彼の眼をとおしたナショナリズムにおけるイスラームの位置付けを紹介する。第3章以降はアラブ諸国の政治変動をナショナリズムの展開とアラブ連盟の対応の観点からほぼ時系列に整理している。第3章ではアラブ連盟設立をめぐるアラブ七カ国の駆け引きをとおして、旧世代による初期のアラブナショナリズムの目標や特質、その国際的・地域的背景を検討する。第4章では後期アラブナショナリズムの盛衰にともなう一国主義的ナショナリズムの拡大について概観し、第5章ではアラブナショナリズム以降にアラブ諸国やアラブ連盟の直面する現実的課題と新たな兆候について考察する。

第1章　アラブ連盟とは

現代アラブ諸国の起源と特徴

　現在のアラブ地域は、おおむねオスマン帝国支配下におかれていた。そこにイギリス・フランスを中心とする西欧の介入があり、ナショナリズム思想が拡大するとゆるやかに統合されていた帝国が崩壊に向かった。そのようななかで、アラブ地域内ではエジプトはムハンマド・アリーの強力な指導のもとに統合性のある近代国家建設が試みられたものの、近代的国民国家建設をめざす他の自律的な試みは目立たなかった。しかし、第一次世界大戦でオスマン帝国が敵側についたことからイギリスは戦争に勝つために、フランス(サイクス・ピコ秘密協定)[1]、アラブ(フセイン・マクマホン書簡)[2]、ユダヤ(バルフォア宣言)[3]との同盟関係の強化をはかった。そしてイギリス・フランスの協力関係が優先された結果、委任統治領をもととする国境がつくられ、またユダヤ人との約束がイスラエルの形成とパレスチナ問題の発生の原因となった。こうして外からの圧力によって崩壊した旧オスマン帝国

1 1916年5月，イギリスの政治家マーク・サイクスとフランスの外交官ジョルジュ・ピコによって調印され，レバノンとシリアをフランスがイラクとヨルダンをイギリスが支配し，パレスチナを国際管理することを決めた。

2 1915年7月から16年1月の間，マッカのシャリーフ・フセインとイギリスのエジプト高等弁務官ヘンリー・マクマホンの間にかわされた。第一次世界大戦後，オスマン帝国からパレスチナを含むアラブが独立することをイギリスが支持することを約束。1916年6月，フセインはそれにもとづきアラブ反乱を起こした。

3 1917年11月，ジェームズ・バルフォア英外相からロスチャイルド卿に送られた書簡で，イギリスがパレスチナにおいてユダヤ人の民族的郷土の設立を支持することを約束した。

支配地域は、不安定な政治構造をかかえるポストオスマン・シンドローム状況[4]を呈することになった。ヒンネブッシュ[5]の国家類型によると、公式には委任統治下や半独立状態にあった初期のアラブ国家（一九二〇〜四八年）は、地主的寡頭政治および部族的支配にもとづく近代国家としての凝集力をもたない「半統合的伝統国家」と位置づけられている。

　アラブ連盟は一九四五年三月二十二日、ヨルダン王国（当時トランスヨルダン王国）・シリア共和国・イラク王国・レバノン共和国・エジプト王国・イエメン王国（二カ月遅れて加盟）のアラブ七カ国の合意により設立された。**表1**のように一九五〇〜六〇年代には独立をはたした北アフリカ諸国、七〇年代には新興の湾岸諸国そしてソマリア・モーリタニア・ジブチなどのアフリカ諸国が新たに加盟した。連盟設立時には、アラブ諸国の協力機関であったことを考えれば、アフリカ諸国への参加権拡大は、連盟の地域機構としての性格の変化を示していると考えられる。またオブザーバーであったパレスチナ解放機構（PLO）[6]は、一九七六年に正式メンバーとしての加盟を認められたが、これはPLOに「パレスチナ人の唯一かつ公式の代表機関」としての地位が認知されたことにもとづいている（一九七四年のラバト決議）。

　アラブ連盟の構成国は、加盟後に革命や国家統合などによって体制が変わった場合も多く、またその変動のプロセスのなかでアラブ連盟や加盟国間の政治的駆け引きが展開

4　アヴィ・シュライムはその著書*War and Peace In the Middle East*(1995)において，これまでアラブ諸国はポストオスマン・シンドロームを抜け出せないできたと指摘。とくに，中東内外のさまざまな権力が平和を創設することに失敗しており，それはおもに大国や超大国が域内国家の地域的利害を考慮してこなかったからであるとした。

5　レイモンド・ヒンネブッシュはスコットランドのセントアンドリウス大学教授。エジプトやシリアの政治・経済・社会構造研究から中東諸国の国際関係まで幅広く研究している。

6　各種パレスチナ解放運動勢力の統合組織。1964年アラブ首脳会議の結果設立され，当初アラブ諸国の影響下にあったが，第３次中東戦争後は独立性を強めた。1970年代には穏健派とパレスチナ解放人民戦線(PFLP)など急進派の路線対立があったが，74年のアラブ首脳会議でアラブ諸国から独立主権を認められた。また同年11月には国連のオブザーバー資格を獲得した。

加盟国名	政治体制	加盟年	備考
エジプト	王制→共和制	1945	1979～89年まで資格停止
シリア	共和制	1945	2011年11月から資格停止
イラク	王制→共和制	1945	
ヨルダン	王制	1945	加盟時はトランスヨルダン
レバノン	共和制	1945	
サウジアラビア	王制	1945	
イエメン	王制→共和制	1945	加盟時は北イエメン
リビア	王制→共和制	1953	2011年2月から8月末まで資格停止
スーダン	共和制	1956	
モロッコ	王制	1958	西サハラはモロッコの一部と扱う
チュニジア	共和制	1958	
クウェート	王制	1961	
アルジェリア	共和制	1962	
UAE	首長制	1971	
カタル	首長制	1971	
オマーン	王制	1971	
バハレーン	王制	1971	
モーリタニア	イスラーム共和制	1973	
ソマリア	共和制	1974	
パレスチナ	PLO	1976	
ジブチ	共和制	1977	
コモロ	共和制	1993	

▲表1　アラブ連盟加盟国と加盟年

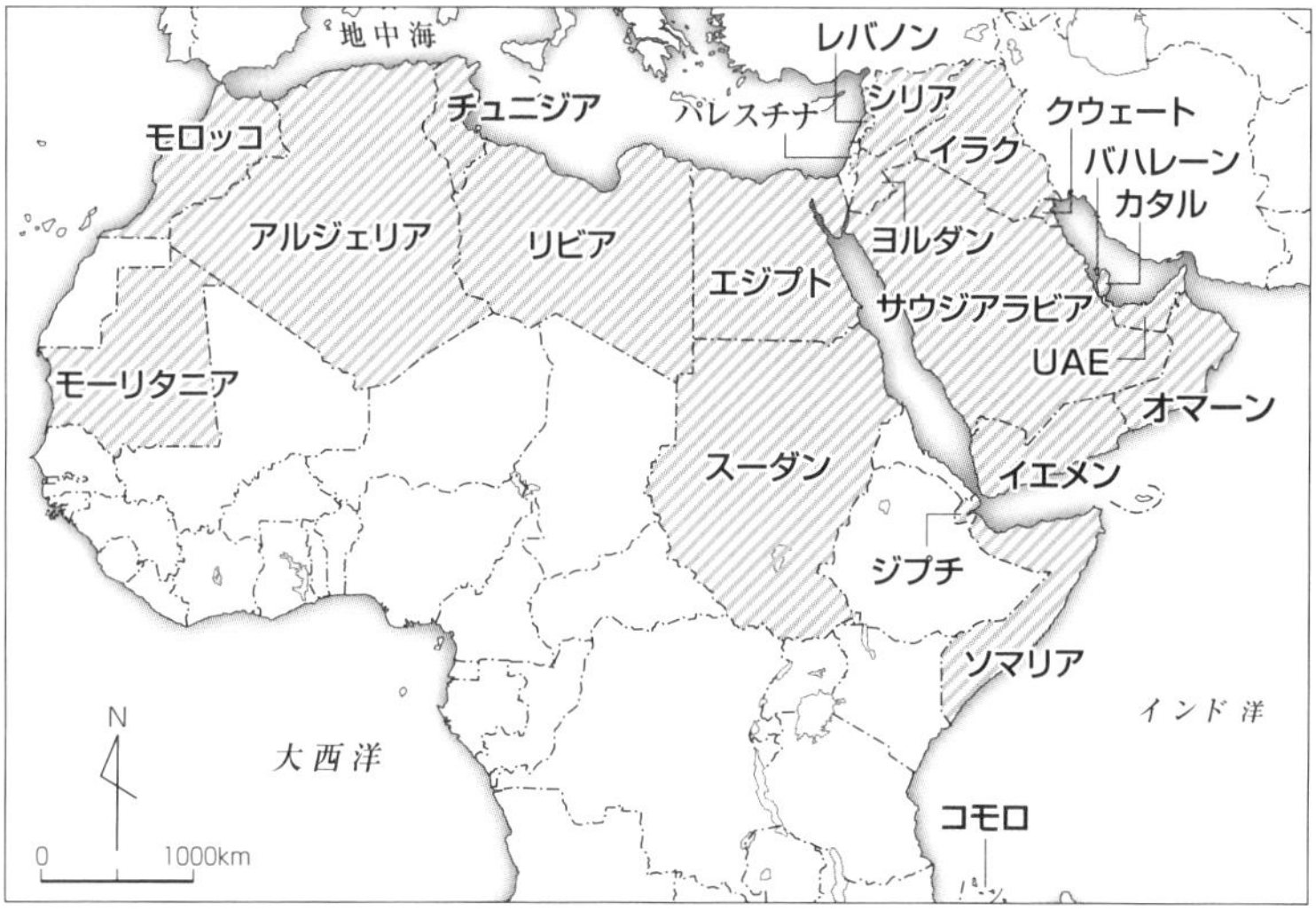

▲アラブ連盟加盟国

され、域内関係やアラブ連盟の性質の変化をもたらした。当初アラブ連盟の中心となったのは、イギリス・フランスによる委任統治領や半植民地状態の東アラブ国家であった。エジプトやイラクは王国から共和制に変わりアラブナショナリズムをリードした。先にあげたヒンネブッシュによれば、この時期(一九四九～七〇年)のアラブ国家を「半統合的高級行政官国家」と規定し、それをさらに「高級行政官(または軍閥)国家」と「新家産国家」に分けている。これに従えばエジプトやイラクの場合は、加盟後に革命をへて「新家産国家」から「高級行政官国家」への転換をはたしたことになる。新興の湾岸諸国が加盟した時期に、アラブ諸国は国家統合を強めるが、これは第三次中東戦争の敗北を機にアラブナショナリズムが徐々に影響力を低下させていくのと対照的である。

ヒンネブッシュはさらにアラブ国家の第三段階(一九七〇～八〇年)には、「伝統的」統合策を援用する「統合的共和制」および「近代的統治」をおこなう「統合的君主制」が中心となったと指摘する。しかしそれが第四段階(一九八〇年代以降)になると、それぞれ経済危機および軍事的危機による国家の脆弱性があらわれたとしている。この第三段階と第四段階において、アラブ連盟は連盟としての危機に直面し、新たな機能を模索することになるのである。

アラブ連盟の組織的特徴

アラブ連盟の組織の中枢にあるのは理事会と事務局、そして共同防衛理事会である。とくに共同防衛理事会の設立に関しては、一九四八年のイスラエルの独立をめぐる第一次中東戦争での敗北が、軍事面だけでなく経済面でのアラブ諸国の協力強化や経済的協力強化の必要性認識につながったことが背景にある。また、年を追うごとに専門理事会は分野を拡大していったが、それはアラブ諸国の社会・経済発展の必要性のみならず、実効性はともかく、コミュニケーションや資源・環境問題などのグローバルな問題への対応の必要性が認識されていたことを示している。

【理事会の特徴】

連盟機構の中核にある理事会は、国家元首または外務大臣に委任された各国の代表によって構成され、連盟でもっとも重要な位置にある。通常、総会は年に二回、三月と九月に開催され（当初は三月と十月に開催）、各国の代表が交替で議長を務めることになっている。緊急理事会は、通常の理事会の決議か、加盟二カ国の要請により、事務総長の指示を受けた日から一カ月以内に開催される。なお、攻撃がおこなわれた場合には事務総長の要請により三日以内に開催される。

おもな任務は、連盟憲章によると①社会・経済・文化・保健、その他の事項において加

▲アラブ連盟のロゴ

盟国間での合意事項の徹底、②アラブ諸国間に起こる紛争の平和的解決、③攻撃の対象となったアラブ国の防衛、④他の国際機構との協力の調整、⑤事務総長の任命、⑥連盟の予算の承認、⑦法律による事務総局の設置、などとなっている。

【事務総局・事務総長の役割】

事務総局の基本的機能は、アラブ連盟の諸組織の運営のための基本的作業をおこなうことで、とくに理事会活動の補助、加盟国政府・その他の国際機関・民間団体との連絡が中心となる。しかし、事務総局は各国の分担金の未払い問題などによって、活動に支障をきたすことがある。

事務総長局は、理事会に関する諸問題、そして特別組織や関係組織との調整、民間団体の活動のフォローをおこなう。ほかに政治問題に関する部局としては、パレスチナ問題総局、(イスラエル)ボイコット本部がある。また情報総局のおもな仕事は、アラブ民族の諸問題、とくにパレスチナ問題についての情報を提供することである。これはアラブ連盟がパレスチナ問題の解決をそのおもな政治的目標の一つとしていることを示すと同時に、パレスチナ問題がアラブ単独での解決が困難で、国際社会の場において解決されなければならないことを示している。

事務総長は、理事会で加盟国の三分の二の賛同によって指名され、任期は五年、再任も

氏名	任期	備考
アブドル・ラフマーン・アッザーム・パシャ(エジプト)	1945～52	元大使・議員
アブドル・ハーレク・ハッスーナ(エジプト)	1952～72	元エジプト外相
マフムード・リヤード(エジプト)	1972～79	元エジプト外相
シャドリ・クリービー(チュニジア)*	1979～90	元チュニジア情報相
アフマド・エスマト・アブドル・メギード(エジプト)	1991～2001	元エジプト外相
アムル・ムーサー(エジプト)	2001～11	元エジプト外相
ナビール・アルアラビー(エジプト)	2011～	元エジプト外相

▲表2　アラブ連盟歴代の事務総長

＊1990～91年は副事務総長が代行

▲シャドリ・クリービー

▲アブドル・ラフマーン・アッザーム・パシャ

▲アフマド・エスマト・アブドル・メギード

▲アブドル・ハーレク・ハッスーナ

▲アムル・ムーサー

▲ナビール・アルアラビー

▲マフムード・リヤード

認められる。事務総長は、事務総局および関係下部組織の最高権威者であり、財政に責任をもち、理事会に対し連盟事務局および連盟の関係機関の決議の実施状況をフォローし、報告する責任を負っている。事務総長が指名する事務総長補佐が事務総長の仕事を補佐し、事務総長が空席の場合はその仕事を代行する。

歴代の事務総長は、アブドル・ラフマーン・アッザーム・パシャ[7]から、現ナビール・アルアラビー[8]の七人が務めているが、チュニジア出身のクリービーを除いてすべてエジプト出身である。連盟事務局関係者によると、連盟本部がカイロと決められているので、事務処理の円滑な進行のためにも、地元に人脈のあるエジプト人のほうが好都合であることが理由とされている。しかし、最初の三代の事務総長が続けてエジプト人であったのは、連盟設立時エジプトが主導権を握っていたことやアラブ民族主義の旗手としてエジプトがアラブ世界をリードしてきたことと無関係ではない。また、イスラエルとの和平条約締結によるエジプトの連盟加盟資格の停止とチュニスへの本部移転(一九九〇年十月ふたたびカイロに移転)、その後の湾岸戦争をへてのエジプト人事務総長の任命といった一連の流れをみれば、事務総長の地位がアラブ世界の政治状況を反映することがわかる。

【共同防衛理事会・経済社会理事会と安全保障問題】

この二つの組織は、一九五〇年六月、アラブ連盟が「自らの目標を遂行するにはこの憲

[7] エジプトの外交官・政治家(1893～1976)であり，汎アラブ的理想主義を信奉するアラブナショナリストとして，パレスチナ分割に強く反対した。初代のアラブ連盟事務総長(在位1945～52)となる。

[8] エジプトの外交官・元外務大臣(1935～　)。カイロ大学法学部卒，ニューヨーク大学法科大学院修了。法学博士。2011年より事務総長。

章（アラブ連盟憲章、以下連盟憲章と略記）が不十分であることを認識し」、「アラブ連盟加盟国間の共同防衛および経済協力に関する条約」に調印した結果設立された。

共同防衛理事会は調印国の外務大臣および防衛大臣により構成される。同理事会のメンバーの三分の二以上の賛同で決定した事項は、調印国すべてに拘束力をもつ。同理事会は調印国の軍隊の参謀幕僚の代表からなる常任軍事委員会によって補佐される。この軍事委員会の任務は、共同防衛計画を立て、その方途と戦術を決めることである。

アラブ諸国は、アラブの一カ国に対する攻撃を全アラブ諸国に対する攻撃だとみなしている。さらに、この条約に矛盾するようないかなる国際条約にも調印しないこと、他国との関係がこの条約に矛盾しないこと、あるいはこの条約に反するようないかなる行動路線もとらないことを合意した。なお連盟憲章を強化するためにこの条約が結ばれた背景には、一九四八年の第一次中東戦争で軍事的に有利とみなされていたアラブ諸国軍がイスラエルに完敗したことによる危機感が存在したのである。

経済社会理事会は、当該大臣・外務大臣、あるいはその代表によって構成される。その目的は、アラブ諸国における安寧と繁栄の空気を高めること、生活向上・経済促進のために協力すること、天然資源を開発すること、各国の農業・工業生産物の貿易を円滑にすることなど、経済活動の組織化のために必要なあらゆる行動をとることであった。また、経済活動を標準化し、そのために必要な協定を締結することも目的の一つであった。

この理事会設立は、政治的統合だけではなく、経済的協力関係の構築が必要であるという現状認識が存在したことを示している。しかし、実際には一九七三～七四年の石油危機後の産油国と非産油国の極端な経済格差が示すように、一部の国への富の偏在がきわだっており、同理事会の役割ははたされていない。他方、石油戦略やイスラエル・ボイコット(アラブ・ボイコットと呼ばれることもある)など政治戦略としての経済協力はみられた。しかし、長期的にみればボイコットはアラブの経済自体の健全な発展を逆に阻害することになり、経済面からみればマイナス要因ともなった。

【専門閣僚理事会および専門機関と機能的協力】

専門閣僚理事会は、保健・社会問題・青少年問題・教育問題などの分野で長期的な計画を立て、その計画の効果的な遂行の方途を見出すための機関である。

アラブ連盟傘下の専門機関は、アラブ電信電話連合(一九五七年設立)、アラブ経済統一理事会(六四年)、アラブ社会犯罪防衛機構(六五年)、アラブ諸国民間航空理事会(六七年)、アラブ公定基準・度量法機構(六八年)、アラブ諸国放送連合(六九年)、アラブ行政科学機構(六九年)、アラブ連盟教育・文化・科学機構(七〇年)、乾燥地帯・非生産地域研究アラブセンター(七一年)、アラブ経済・社会開発基金(七一年)、アラブ労働機構(七二年)、アラブ農業開発機構(七二年)、アラブ郵便連合(七二年)、域内アラブ投資保証公団(七五年)、アラブ航行アカデミー(七五年)、アフリカ開発アラブ銀行(七五年)、アラブ通貨基金(七七年)、アラブ人工衛星(七八年)、アラブ鉱物資源機構(七九年)、アラブ産業開発機構(八〇年)がある。

このように、多数の機能的協力のための傘下組織がつくられた背景には、アラブ連盟設立以降の加盟国増加により連盟の対応能力が限界を迎えたという事情がある。また別の見方をすれば、これらの傘下組織が有効に機能していればアラブ諸国はかなりの程度の社会的・経済的統合ないしは共同行動をとりえているはずだともいえる。

アラブ首脳会議の展開

アラブ首脳会議は、アラブ連盟との関係において、いわば国家元首による理事会と位置づけることができる。アラブ首脳会議は第二回会議のときに定例化することを決定し

▼図2　連盟機構図

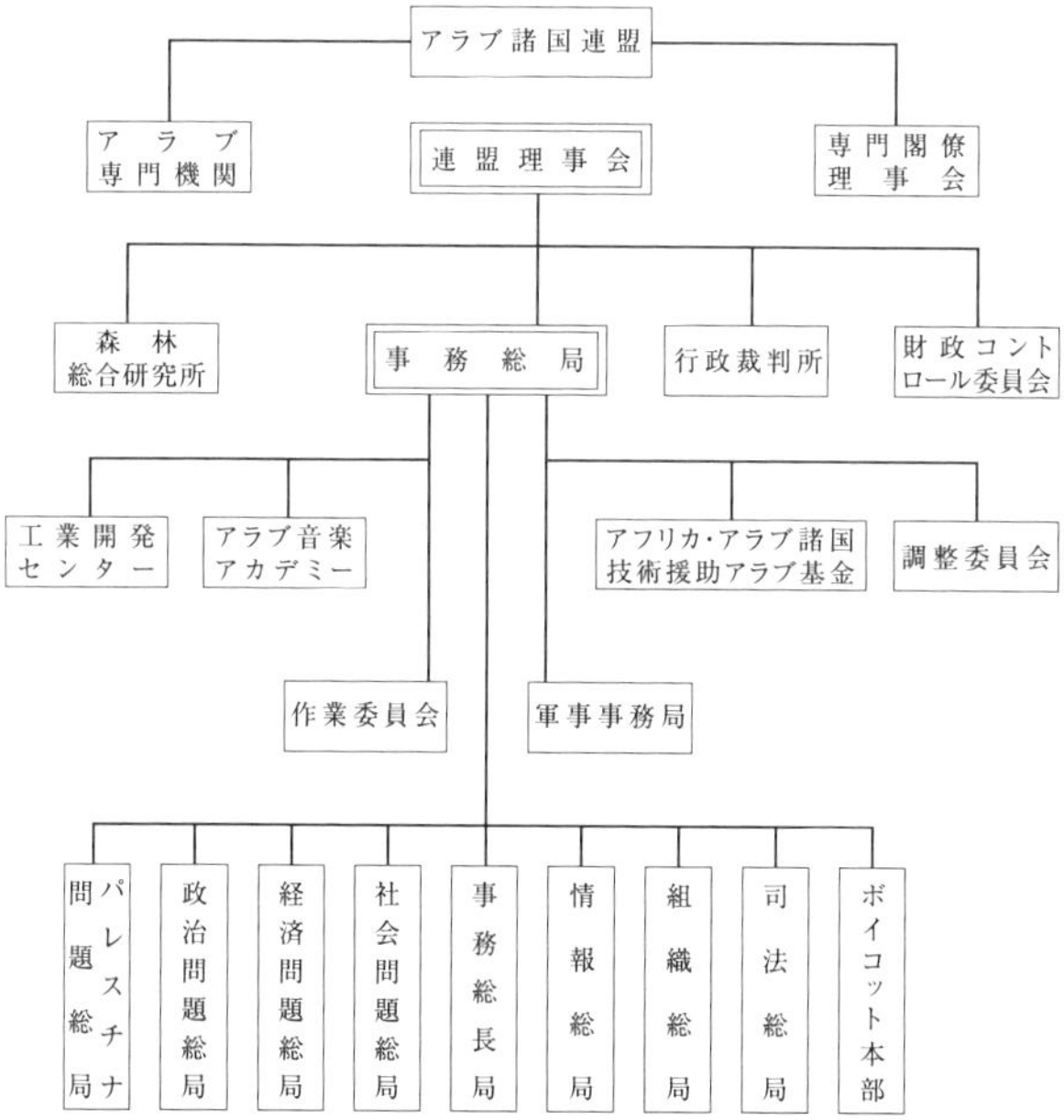

Column #01

アラブ連盟によるイスラエル・ボイコット

アラブ連盟は当初から、イスラエル設立阻止のための経済的戦略を計画していた。一九四五年の第二回アラブ連盟理事会は、「シオニストの商品や製品のボイコット」計画のための委員会設立を決めていた。イスラエル・ボイコットには一次・二次・三次の三段階がある。一次ボイコットは、イスラエル産の商品やサービスの連盟加盟国への輸入を禁じている。二次ボイコットは、アメリカまたはイスラエルの軍事・経済開発に貢献している外国企業との取引を禁じている。三次ボイコットは、ブラック・リスト上の企業と取引のあるアメリカや他の国の企業との取引を禁止している。イスラエル・ボイコットはアラブナショナリズム全盛期には、連盟加盟国の行動を強く縛っていた。おもな対象は企業であったが、イスラエルとの経済関係の深い国に対する警戒は強く、アメリカはもとより一九六〇年代には西ドイツ、七〇年代にはルーマニアのイスラエルとの関係などが注目されていた。

ブラック・リストはダマスクスのボイコット中央事務局によって作成され、加盟国のボイコット事務局に伝えられた。アラブが石油戦略を発動した一九七〇年代には、アラブ連盟のイスラエル・ボイコットの対外的影響力は大きくなった。ブラック・リスト自体は非公開だが、一九七五年二月にイスラエル・ボイコット事務局のマハグーブ事務局長は、世界の約二〇〇の企業がブラックリストからはずす要請をしてきたことを明らかにしている。また、同年三月にボイコット委員会は、①イスラエルと関係の深い企業のブラック・リスト化、②イスラエルと関係を断ち、アラブ諸国に投資を決めた企業のリストからの除外、③同委の警告でイスラエルとの関係を断ち、アラブとの関係に積極的な企業のブラック・リストからの除外、の三点から約一万の各国企業を調査したことを明らかにした。日本企業では、一時ソニーもブラック・リストに掲載されていた。

しかし、アラブナショナリズムの影響力低下によりイスラエル・ボイコットの影響力は低下傾向にある。きっかけは、一九七九年にエジプトがイスラエルと国交を樹立したことから、実質的にどのフェーズのボイコットも実施不能になったことである。ヨルダンもイスラエルとの国交樹立後の一九九五年にボイコットを公式に停止した。パレスチナ暫定自治政府もボイコットの停止を明らかにした。またGCC諸国(サウジアラビア・クウェート・バハレーン・カタール・オマーン・UAE)は、一九九四年に二次ボイコット、三次ボイコットの停止を表明した。こうしてイスラエル・ボイコットの実質的影響力は低下したが、アラブ諸国はおもにイスラエルの対パレスチナ強硬策に抗議して、ボイコットの復活を匂わせることもある。

た（毎年十一月開催）。さらに、緊急対応が必要な問題があるときには随時開催されることになった。会議はアラブ連盟が主催するかたちになっており、連盟事務総長も出席するが、かならずしも連盟との関係は明確ではなかった。しかし、二〇〇〇年の提案により、明確にアラブ連盟の会議と位置づけられた（表3参照）。

ことにアラブナショナリズムの主導権をめぐり、アラブ諸国間の政治的駆け引きがきわだった第三次中東戦争以降は、首脳会議の事前調整や直前の政治的駆け引きから元首が代理を派遣したり、または代表を送らなかったりということがあり、アラブ諸国の対立関係の現状をあからさまに示すことになった。パレスチナ問題をめぐる対イスラエル、対米関係などの扱いが大きな争点となった。

二〇〇一年からは、直訳すると正式名称が「通常首脳会議レベルでのアラブ連盟会議」となり、アラブ連盟が主催する首脳会議であることが、より明確化されている。二〇〇一年以前のアラブ首脳会議は、「定例」でも「緊急」でも比較的緊急性の高い問題を議論する場となっており、連盟理事会が長期的な対応を中心に方針を決定するのとは対照的である。

このアラブ首脳会議の場では、会議期間中に対立する二国の事前交渉の機会が生まれることもあり、当初の七カ国から加盟国が増えたアラブ連盟諸国にとっては重要性をもって

日　時	場　所	備　考
1964/1/13～17	1カイロ	P W
1964/5/5～11	2アレキサンドリア	P T W F
1965/9/13～17	3カサブランカ	F T
1967/8/29～9/1	4ハルツーム	E F P
1969/12/21	5ラバト	P
1970/9/27	［緊急1］カイロ	P(イラク・シリア・アルジェリア・モロッコ欠席)
1973/11/26～28	6アルジェ	P
1974/10/24	7ラバト	P
1976/10/16～18	［緊急2］リヤド	L P
1976/10/25	8カイロ	L P
1978/11/2	9バグダード	P
1979/11/20～22	10チュニス	F L P T
1980/11/21～22	11アンマン	E P T
1982/9/6～9	12フェズ	I L P
1985/9/7～9	［緊急3］カサブランカ	I L P
1987/11/8～12	［緊急4］アンマン	I L T
1988/6/7～9	［緊急5］アルジェ	F I L P T
1989/6/23～26	［緊急6］カサブランカ	I L P
1990/3/28～30	［緊急7］バグダード	B E F L P
1990/8/9～10	［緊急8］カイロ	B F
1996/6/22～23	［緊急9］カイロ	P W(イラク招待されず)
2000/10/20～21	［緊急10］カイロ	P（アルアクサーインティファーダ）
2001/3/27～28	13アンマン	B P
2002/3/27～28	14ベイルート	B F P
2003/3/1	15シャルム・エル・シェイフ	B F
2004/5/22～23	16チュニス	B F P R
2005/3/22～23	17アルジェ	P L R
2006/3/28～0	18ハルツーム	B F T P
2007/3/27～28	19リヤド	P R I
2008/3/29～30	20ダマスクス	B L P
2009/3/28～30	21ドーハ	F
2010/3/27～28	22シルト	P
2012/3/27～29	23バグダード	R
2013/3/21～27	24ドーハ	R(アルジェリア・イラク・レバノン棄権)

▲表3　アラブ首脳会議一覧

注)1948/5/28～29のアラブ首脳会議(アンシャス)と1958/11/13～15のアラブ首脳会議(ベイルート)はアラブ連盟の関与する首脳会議ではないので除外している。

Bアラブ諸国間の政治問題　E経済問題　Fアラブと欧米関係　Iイラン問題　Lレバノン問題　Pパレスチナ・イスラエル・中東和平　Tアラブと第三世界　W国際的水利問題　R政治改革・民主化

いる。例えば、第二回アラブ首脳会議期間中イエメン問題で対立したエジプトとサウジアラビア関係の場合、ファイサル皇太子が首脳会議終了後もエジプトへの滞在を延長し、イエメン問題に関して一定の合意に達している。このような交渉がむしろ失敗する場合や対立するアラブ諸国同士のブロック化につながる場合が多いが、首脳会議はアラブ政治の交渉の場を提供していることは間違いない。

会議の議題は第一回から二〇一三年ドーハ首脳会議まで、パレスチナ問題がもっとも多く、次にレバノン問題、アラブ以外の国々との関係などとなっている。これは、アラブ世界の対外的態度表明の機会でもある。アラブ連盟は国連でオブザーバー資格を有し、アラブ連盟事務総長はアラブ諸国を代表して発言することができるが、それ以外で国際的にも注目度が高い首脳会議は、近年でこそアラブ諸国の対立の根深さを露呈する機会になっている。しかし、アラブナショナリズムの影響力が強い時期には、対外的に強いメッセージを発信する機会となった。

パレスチナ問題への対応

アラブ諸国の関わる域内政治紛争において、パレスチナ問題をめぐるイスラエルへの対応が中心的安全保障問題であった。とくにアラブ連盟設立過程においては、パレスチナの防衛が課題となり、アラブ連盟のなかにはイスラエル・ボイコット本部がおかれ、パレスチナ問題総局が設置されている。パレスチナ問題はアラブ諸国が協力する際の中心的問題であり、アラブ主義やアラブナショナリズムの重要な象徴となったが、逆に問題が国際化・多様化することにより、長期的な「パレスチナ問題」全体の議論の場や機会を提供し、個別の問題に対応するためには地域的対応だけでは不十分となった。中東和平プロセス[9]における追認的役割に終始したアラブ連盟の存在感の薄さが、それを示している。

アラブ連盟はイスラエルを仮想敵としてきたが、イスラエルと和平条約を結んだエジプトの追放と復帰をとおして、多くのアラブ諸国によるイスラエル国家の事実上の容認につながったにもかかわらず、イスラエルとの対決機関としての構造的特徴は維持してきた。中東和平プロセスでは、イスラエル・ボイコットの一部停止などで対応しようとはしたが、さらに構造的な改革を実施しないかぎり、調停機関となりえないという根本的問題をかかえることになる。

アラブの国際問題に対応した例としては、初期における北アフリカ地域の独立問題がある。フランスからの独立問題に関しては、一九五五年十月十四日、カイロで開会中のアラブ連盟首脳会議は、①連盟はチュニジアの民族的要求が完全に実現されるまでその独立運動を支持する、②連盟はアルジェリア独立の支持を続けるとともに、国連がアルジェリア

9　1991年10月に開催されたマドリード中東和平国際会議以降，アメリカが中心となり，パレスチナ問題をめぐるアラブ諸国とイスラエルの紛争の包括的解決をめざした一連の国際的調停の動き。1999年を期限とした，対立する双方の急進派の動きなどもあり，パレスチナの最終的地位を確定するという当初の目標は達成されなかったが，パレスチナ暫定自治や和平交渉の主要な枠組みは現在でもほぼ踏襲されている。

問題の討議を決定したことを歓迎する、③フランスがモロッコ人の要求実現をためらっていることは平和に対する脅威である、との決議を出して植民地からの独立運動を支援する姿勢を示している。

このほかにも、アラブ連盟がイラン・イラク戦争中に示したイラク支持の一連の対応なども、「アラブ対外部（非アラブ）世界」というアラブ民族主義的地域組織としての例としてあげられる。またダルフール問題などは、「アラブ対外部」という図式になるが、この場合は「民族主義対民族主義」ではなく、「民族的枠組み対人権的対応」ということになり、国連との関係を維持し、（実態はともかく）人権擁護も承認しているアラブ連盟としてはより困難な立場に陥ることになる。

その他の域内問題への対応

当初はあまり想定していなかったが、対応を迫られるようになったのが「同胞」同士の域内紛争であった。ここにおいては、アラブ連盟は調停機関としての機能的役割をある程度期待されるはずであった。以下、いくつかの典型的な地域紛争への連盟の対応をみてみよう。

(1)オマーン問題（一九五七年）　八月四日、ハスーナ連盟事務総長（以下ＳＧと略記）はバンドン会議参加国に対し、オマーンのマスカット地方の問題をめぐるイギリスの干渉に関して「独立のために戦うイマームを支持し、あわせてイギリスの攻撃中止を働きかけるよう」勧告した。さらに八月十二日、連盟理事会は、オマーンに対するイギリスの武力干渉について緊急国連安保理の開催を要請することに同意した。

(2)クウェート危機(一九六一年)　イラクはクウェートが自国の一部であるとして、クウェートの独立反対を連盟に通達した。SGは、平和的解決のためクウェート・イラク・サウジアラビアを訪問した。クウェートは国境線保持のためイギリス軍派遣を要請しており、サウジアラビアを訪問した。七月一日イギリス軍がクウェートに上陸した。二〜七日、安保理(クウェート・イラクも提訴)評決に失敗する。五日アラブ連盟緊急理事会がSGに紛争解決努力を示唆すると、二十日連盟理事会は①クウェート政府のイギリス軍撤退要請を保証、②イラクはクウェート併合のため武力に訴えないことを保証、③クウェートのいかなるアラブ国家との統一の動きも支援、④アラブ諸国がクウェート独立への実効的な支援を約束、などを決定した。SGはアラブ連盟緊急軍の結成を要請し、九月十日、両国国境に派遣(サウジアラビア・アラブ連合・スーダン・ヨルダン・チュニジア)、イギリス軍は撤退した。SG・連盟理事会の協力(イラクが提訴)により事態は収束し、安保理は機能しなかった。七三年に国境紛争が再発するが、SGの調停で停戦した。イラクは国境線が帝国主義勢力によって定められ正統性がないと主張したが、ＳＧはすべてのアラブの国境線も同様であると説得した。

⑶レバノン問題（一九六〇年代末から）　ベイルートにおけるＰＬＯの武器携帯をめぐりレバノン大統領が協定違反を訴えた。一九七二年から七三年にかけて、ＳＧは双方から意見聴取のうえ仲介し、レバノン政府・ＰＬＯ・シリア間をめぐるシャトル外交を展開した。七五年にレバノン大統領がシリアに援助要請し、シリアとＰＬＯの武力衝突が発生した。翌七六年六月、ＳＧが連盟理事会緊急会議開催を要請し、停戦とアラブ平和維持軍の派遣を決議した。ＳＧがシリア軍と平和維持軍の交替を監督することが決められた。理事会は、政治委員会（ＳＧ・チュニジア・バハレーン外相）を設立したが、戦闘が続き調停失敗。レバノン大統領からＳＧに平和維持軍ではなく抑止軍のほうが紛争当事者の非武装化を可能にするとの要請が寄せられた。ＳＧはミニ首脳会議（エジプト・レバノン・シリア・クウェート・ＰＬＯ）をへて、十月二十五日首脳会議を開催した。首脳会議は平和維持軍を抑止軍にかえ、国内の非武装化と主権回復をねらう国連にも先例のない決定をおこなった。紛争再燃によりシリア軍以外は抑止軍から離脱した。七八年三月のイスラエルのレバノン南部侵攻に対しては、国連平和維持軍（ＵＮＩＦＩＬ）が派遣され、八二年六月のイスラエルのレバノン侵攻では、ＰＫＯが停戦を監視するなど国際機関の関与があった。その後、レバノン内戦の終結に向けて八九年五月アラブ首脳会議により設立された三者委員会（アルジ

ェリア・モロッコ・サウジアラビア）によるターイフ合意が成立し、内戦は終結した。

(4)イエメン紛争（一九七二年）　南イエメンと北イエメンの間に発生した危機で、国境上の武力衝突に発展した。SGは一九七〇年の両者を連邦として結ぼうとする声明にもとづき両国大統領と会談した。SGは連盟理事会にSGの平和回復努力を援助するよう要請した。七三年九月十九日、連盟理事会は、紛争調停と紛争解決のためSGを支援する五者委員会の設立を決定した。同十月二十一日、両国代表団が連盟本部で、平和条約と両国の連邦化計画に調印した。九〇年に両国統一が実現した。

(5)ヨルダン問題（一九七三年）　一九七二年、フセイン国王がヨルダン川両岸を含む連合王国の建設を提案したとき、PLOは反対し、エジプト・シリアがPLO側に立ち、両国とヨルダンの外交関係は断絶した。翌七三年五月、SGはサダト大統領とエジプト・シリアとヨルダンの間の対立を解決する必要性について協議した。同年十月に解放戦争を計画していたシリアとエジプトはSGのイニシアチブを歓迎した。SGはアサド大統領と会談し、アサドはヨルダンとの外交関係再開に同意した。SGはヨルダンではフセイン国王と会談し、エジプト・シリアと全面的に協力することへの合意をえた。これは、事務総長により解決し、連盟理事会に委託しないケースであった。

(6)ドファール危機（一九七四年）　南イエメンに接するオマーンのドファール地域をめぐ

って対立が激化した。武力衝突が発生し、オマーンはイギリス軍に支援を要請した。南イエメンからなされるオマーンへの軍事行動への対抗的措置であった。三月、連盟理事会で協議され、ＳＧとアラブ六カ国代表による現地調査と停戦努力により戦闘が終結し、現存の両国の国境が確認されるなど、おもに各国の調停により収拾した。

(7)シリア・イラク対立(一九七五年)　ユーフラテス川の水利用をめぐってシリアとイラクの間に対立が発生した。イラクは、シリアのダム建設による農業への打撃を非難し、四月アラブ連盟理事会に提訴した。理事会は専門家による委員会を設立して調査し、政治的解決をはかろうとした。しかし、サウジアラビアが仲介に乗り出し、シリア・イラクの代表による共同会談が実現した。十月、アラブ連盟は水配分に関するサウジの仲介を歓迎するとした。二国家間の重大問題を一つのアラブ国家の仲介が解決した例である。

(8)チュニジアとリビアの危機(一九七〇年代半ば)　石油資源をめぐり対立したチュニジア・リビア両国は、海洋法を援用しつつ領有権を主張した。これに対しＳＧが仲介役となり、両国の政治家・専門家による会議を実現し、当時の海洋法にもとづく解決をはかった。しかし双方が自らの法の解釈に固執し、合意が不可能と判断したＳＧは武力衝突を回避するため、国際法廷への問題の付託を提案し(アラブ法廷は存在せず)、問題は解決した。

(9)旧スペイン領サハラをめぐるマグレブ紛争(一九七四年)　スペインの西サハラからの

撤退決定に対し、アルジェリア・モロッコ・モーリタニアの各国が権利を主張し対立した。ポリサリオ戦線の独立宣言(一九七六年二月)で事態は複雑化した。アラブ連盟だけでなく、アフリカ統一機構(以下OAUと略記)・国連も関与し、国際法廷も介入したため迅速な解決が困難となった。一九七六年三月、SGおよびアラブ諸国外相はそれぞれアルジェリア・モロッコ・モーリタニア・サハラ地域を訪問、当事者と会談したが、当事者の主張が変わらず、意見聴取に終始した。十月、ラバトでのアラブ首脳会議は、西サハラに関するモロッコとモーリタニアの協定への支持を表明した。当時のアラブ連盟の空気は、新しいミニ国家の建設によってアラブ世界がさらに細分化されることへの反対が強かった。しかし、ポリサリオ戦線は西サハラの独立を求め、アルジェリアがこれを支持した。ポリサリオはOAUに承認を求め、その後国連も関与したのである。

対応の問題点と評価

以上のようなアラブ連盟が関与した紛争を問題別にみると、独立・国家統合問題(北アフリカ・クウェート危機・レバノン問題・ヨルダン問題・イエメン問題)、国境・領土問題(ドファール危機・サハラ問題)、資源問題(シリア・イラク対立、チュニジア・リビア危機)となっている。

独立・国家統合問題の解決に向けては、ＳＧが当事者の意見を聴取しつつ、連盟理事会との連携によって調停や仲裁を中心とした対応がはかられた。一九六一年のクウェート危機の場合は、国連も関与するはずであったが、安保理が冷戦の影響で機能不全に陥っていたため、アラブ内解決が中心となった。いわば一九九〇年のクウェート危機とちょうど正反対の展開であった。このクウェート危機とヨルダン問題のようにＳＧの調整で、比較的短期間で問題が収束した場合もあったが、レバノンやイエメンは解決まで長期にわたり、それぞれ一七年ないし一八年は要している。したがって、効果の点からの積極的評価は難しい。ただ、いずれの場合もＳＧの調停は初期においては比較的前向きであり、当事国も理事会の対応を受け入れようとする姿勢がみられる。

国境・領土問題に関しては、まずドファール危機についてＳＧと連盟理事会の連携により、最終的にはアラブ六カ国の調停により比較的短期間に解決をみた。一方で、出発点から当事者が多く、アラブ連盟以外にＯＡＵや国連などさまざまな機関が関与したサハラ問題は、いまだに根本的解決をみていない。アラブ連盟の場合、国連やＯＡＵとの協力を謳っているが、調整の難しさを示している。

資源問題に関しては、シリア・イラクの水問題をアラブ連盟とサウジアラビアの協力によって解決している。しかし、石油をめぐるチュニジアとリビアの対立は、ＳＧの仲介による国際法廷への附託により解決し、域内解決をみなかった。これは、アラブに司法判断をする組織が(その必要性が一部では主張されているにもかかわらず)存在しないことにも原因がある。

以上のように、紛争への対応が比較的うまくいった場合も、効果や効率性の点からはかならずしも成功とはいいがたい事例かもしれない。一九四五〜八一年までの七七のアラブ間紛争の六つしか調停に成功していないといわれる。提訴したものの取り上げられなかったものとしては、一九七〇年のヨルダン内戦時のシリアの軍事介入をめぐるヨルダンによるアラブ連盟への行動要請、七七年のエジプト対リビアの短期間の戦闘、七六〜七七年のアルジェリア・モロッコ・モーリタニアの間の西サハラをめぐる紛争がある。地域紛争対応でのアラブ連盟の限界は、アラブ諸国の友好性を前提にした連盟憲章第五条による仲介や、仲裁を前提とした平和的な対応での解決に期待したところにある。紛争時の当事国によるSG受け入れの姿勢は、まさに友好性にもとづく機関だからこそ生まれるのかもしれないが、一九九〇年代以降期待される「機能的」連盟を考えた場合には、安全保障問題との調整が必要になるだろう。

第2章　アラブナショナリズムとイスラーム

アラブナショナリズムの展開

アラブナショナリズム（カウミーヤ・アラビーヤ）の考え方では、「アラブは一つの民族であり、文化的・歴史的・地理的に共通点があるという信念にもとづき、地中海からアラビア半島までのアラブ諸国が一つの国家になるべきである」とみなしている。おもに二十世紀半ばから一九七〇年代末ぐらいまでにアラブ諸国間の政治に大きな影響力のあった、ナセル主義やバース主義が代表的なものとされている。この思想・運動は一時的なものであったにせよ、エジプトとシリアという二つのアラブナショナリズム勢力の一時的国家統合（アラブ連合共和国）や、同じような国家統合の試みにあらわれた。

ところで近年、民族（ネイション）の存在を所与のものとする本質主義的定義に対して、民族を相対的にとらえる議論が一般的となっている（例えばベネディクト・ア

1　現在のレバノン出身のマロン派キリスト教徒の作家・学者（1819～83）。19世紀にエジプトから中東地域に広がったアラブ復興運動の中心的人物。宣教師として働いたが，公に社会に広がるアラブ的アイデンティティの重要性を説いた。

2　オスマン帝国の絶対君主制の改革を求めた20世紀のトルコナショナリズム運動の政党。正式には統一進歩委員会であり，1908年，アブデュル・ハミド2世に対し青年トルコ革命を起こした。

3　1911年，イッザト・ダルワザらのシリア出身者によりパリで設立され，オスマン帝国治下でのアラブ地域の独立をめざしたアラブナショナリズム組織。

4　ムンタダ・アダビー（文学協会）は，レバノンのシーア派出身の活動家アブド・アルカリーム・アルハリールが中心になって，1910年にイスタンブールでアラブ文化研究のためにアラブ人留学生を中心に立ち上げた公然組織。ラシード・リダーやサーティウ・アルフスリーなども講座を担当したが，民族主義運動との関わりを警戒したオスマン政府によって1915年に閉鎖させられた。

ンダーソン『想像の共同体』など)。このような論争を反映しイスラエル国籍のアラブ人政治学者アズミ・ビシャーラは、「アラブナショナリズムとは、血や部族の紐帯ではなく、言語や近代的なコミュニケーション手段などの道具によって主権国家になることをめざす、想像された共同体である」と定義している。

ではアラブナショナリズムは、歴史的にどのように発展してきたのだろうか。オスマン帝国下の東アラブ地域で、十九世紀末から二十世紀初頭にその萌芽がみえる。この地域はエジプトのムハンマド・アリーのシリア遠征やそれに続く西欧列強の進出による大きな変動に直面した。萌芽的アラブナショナリズムは、ブトルス・ブスターニー[1]などのキリスト教徒知識人を中心にアラビア語復興活動を推進する、文化的ナショナリズムの特徴をもっていた。オスマン帝国内で青年トルコ人[2]などによるトルコナショナリズムの傾向が拡大すると、徐々にアラブナショナリズム組織(アルファタート[3]・文学協会[4]・アルアフド[5]など)が政治志向を強め、一九一三年には、パリでアラブの思想家や活動家が第一回アラブ会議を開催し、帝国内でのアラブの自治拡大を求めるにいたった。その後、このように萌芽的なアラブナショナリズムを脱却し強い独立志向を示したのは、ミシェル・アフラク[6]、コンスタンティン・ズレイク、サーティウ・アルフスリー(三五頁参照)、ザキー・アルスージー[7]、アブドル・ラフマーン・アッザーム、

5 アルアフド(盟約)は，1913年に設立されたアラブ民族主義秘密結社。エジプト出身のオスマン帝国軍将校アルミスリーが中心となり，イラクやシリア出身のアラブ人将校が参加した。オスマン帝国下でのアラブ自治をめざしたが，西洋による東洋侵略阻止のためにオスマン帝国下でのアラブとトルコの協力推進も主張した。ヌーリー・サイード，タハ・ハーシミーなどアラブの有力政治家を輩出した。

6 シリアの思想家・ナショナリスト(1910～89)。ソルボンヌ大学で学ぶ。帰国後共産党で活動するが，対フランス政策をめぐり脱退，その後ビタールとともにバース党を設立。バース主義を推進。

7 シリアのラタキア出身の思想家(1899～1968)。ソルボンヌ大学で学びそこでナショナリズム思想に関心をもち，以来アラブナショナリズム思想，とくにバース主義の発展と政治的影響力の拡大に尽力した。1966年の党内の対立からミシェル・アフラクなどがイラクに亡命した結果，党の中心的なイデオローグとなった。

ムハンマド・イッザト・ダルワザなどの、東アラブ出身の知識人だった。

西欧起源のナショナリズムは、合理主義を重視し、宗教を排除する傾向にある。しかしアラブナショナリズムのおもな目的は、オスマン帝国の支配からの自立や西欧の帝国主義からの解放であり、その点、対外的支配からの自立をめざすイスラームの原則に依存する運動と共通の目的をもっていた。またアラブナショナリズムは(とくにトルコ主義に対抗して)歴史的正統性を主張するため、イスラームの発展におけるアラブの中心的役割を強調する。すなわち、ムハンマドはアラブ人であり、聖典であるクルアーン(コーラン)はアラビア語で書かれ、ウマイヤ朝はアラブ人のイスラーム国家というわけだ。他方、近代のイスラーム改革思想が民族主義者の主張と重なるのは、西欧の帝国主義勢力と対峙しオスマン帝国内のトルコ主義に対抗せざるをえない、アラブ知識人のおかれた時代背景も影響していた。

しかし、実際にオスマン帝国からの独立をめざす政治運動(一九一六年の「大アラブ革命」)を展開したのは、イギリスと協力関係にあり、イスラームの預言者ムハンマドの家系出身であることを正統性の拠り所とするマッカ(メッカ)のシャリーフ・フセインだった。彼はフセイン・マクマホン書簡によるイギリスとの提携のもと、第一次世界大戦中に独立運動を展開したのである。しかしこのハーシム家中心のいわば王朝的アラブ民族独立運動も、イギリスやフランスの介入により統一的アラブ国家の形成に失敗し、アラブ諸国はイギリス・フランスの委任統治や保護領・植民地体制下におかれることになった。このため、本格的なアラブナショナリズム運動は、両大戦間期の揺籃《ようらん》の時期をへて、第二次世界大戦後に持ち越された。

第二次世界大戦後のアラブナショナリズムは、エジプトを中心として展開された。エジプトでは、イギリスからの自立要求が高まるなかで無策な国王や政治家への国民の不満が爆発し、デモや政治家の暗殺、駐留イギリス軍への攻撃などが頻発し、国内は混乱状況にあった。この時、軍内部の改革運動が昂じて一気に王制を転覆したのがナセル(七六頁参照)率いる青年将校たちだった(一九五二年)。ナセルは当初、イギリスからの自立とエジプト一国の改革を求めて出発し、主要な関心はエジプトにあったので、この段階ではナセルたちの運動は一国中心主義的(ワタニーヤ)であった。

しかし、その後スエズ運河(七七頁参照)国有化をめぐるイギリス・フランスの露骨な介入と敗北を経験し(一九五六年スエズ戦争)、ナセルは真の自立化のためにはアラブの広域的な連携、さらに他の新興独立国との横の連帯が必要だとの認識にいたった。これ以降、シリアのバース主義[8]の影響も受けつつ、ナセルはエジプトの改革をアラブ全体の解放と連携させた主張に転換していった。彼はアラブナショナリズムを重視し、一国の利益にこだ

[8] 上記のザキー・アルスージーやミシェル・アフラクを創始者とするもので，「統一・自由・社会主義」を掲げる世俗的傾向の強いアラブナショナリズム思想。

わる傾向を批判するようになる。なお、こうしたナセル人気ともあいまって、一九七〇年代末までのアラブナショナリズムの大衆への影響力は括目すべきものがあった。その後、シリアとの連合国家形成の失敗をめぐり、エジプトによるシリア併合の意図を批判する議論があるが、少なくとも自国を含むアラブ世界の危機感が大きな動機であった点を見逃すことはできない。

第二次世界大戦後のアラブナショナリズムの中心的課題は、アラブ統合とパレスチナの解放だった。パレスチナ人の多くにとっても、パレスチナの解放はアラブ民族主義の勝利と結びつけて認識されるようになった。しかし、第三次中東戦争（一九六七年）の敗北を機に、パレスチナ人はエジプトを中心とするアラブナショナリズムへの依存から、自力での独立達成を模索するようになる。いわば、ワタニーヤ的方向をめざすようになる。アラブ諸国においても、徐々に一国中心的傾向が広がっていき、エジプトが国内的事情からイスラエルとの和平（一九七九年）に踏みきると、アラブナショナリズムは衰退に向かった。しかし、同時にアラブナショナリズムを口実に国内改革を棚上げしてきた指導者たちは、改革や民主化への国内的要請への対応に追われることになる。この延長線上に「アラブの春」があるとみることも可能だろう。

フスリーの経歴と思想

ここでは、アラブナショナリズム思想の一般的特徴、とくにイスラームとの関わりについて知るために、一人のアラブ人思想家に注目してみたい。サーティウ・アルフスリー（一八七九〜一九六九、以下フスリーと略記）は、アラブを統合し一つのアラブ国家を形成しようとする、アラブナショナリズム思想の唱導者として知られている。彼自身はオスマン帝国の各地で教育活動をおこないつつ、できるかぎり政治的な立場から距離をおこうとしたが、彼の思想への支持者の拡大やそれにともなう政治状況の変化に、彼自身が関わることは避けられなかった。

一九四七年、彼はイラクからエジプトに移り、アラブ連盟の文化局を拠点に、アラブ民族意識にもとづく統一的教育政策がすべてのアラブ諸国で実施されるように尽力した。さらに一九五三年、彼は学部卒業生を対象に民族主義教育をおこなう「先端アラブ研究所」をアラブ連盟の一機関として設立し、所長を務めるとともに自らアラブナショナリズムの講座を担当した。カイロ時代やそれ以前に彼が出版した著作は、学校や大学や民族主義政党での必読書とされ、「アラブナショナリズムの哲学者」としてアラブ世界で影響力をもった。指導的な政治評論家は彼を「アラブのフィヒテ」[9]と位置づけた。一九六六年フスリーはエジプトを去って、イラクに帰り晩年を過ごし、六八年十二月二十四日に八六歳で死

[9] ヨハン・ゴットリープ・フィヒテは，カントの影響を受けたドイツ観念論の代表的哲学者(1762～1814)。ナポレオンにプロイセンが占領されるなか，ベルリンでドイツ民族に覚醒と独立を求める連続講演(『ドイツ国民に告ぐ』)をおこなった。フスリーはヨーロッパ留学中にフィヒテの思想に強く影響された。

去した。

彼は民族を以下のように定義している。

共通の言語や共通の歴史は民族形成や民族主義の基礎である。これらの二つの領域の統一は、感情や目的や受難や希望や文化の統一である。こうして一つのグループのメンバーは自分たちが他と区別される統一的民族の一員であるとみなす。しかしながら、宗教も国家も共通の経済生活も民族の基本的要素ではなく、また共通の領土もそうではない。……もしわれわれが民族にとっての言語や歴史の役割を定義しようとするなら、われわれは端的に、言語が民族の魂や生命であるが、歴史はその記憶とその自覚であるということができる。

フスリーの民族理論の原点は、反植民地主義と西欧による支配からの解放であり、その点では近代のイスラーム主義運動が広く意識しているものと重なり合っていた。ここでは、そのなかでもアラブナショナリズムとの接点をもつ、代表的な運動家や思想家に対するフスリーの理解から基本的論点を探ることにする。

フスリーにとってのアフガーニー

ジャマールッディーン・アフガーニー[10]（以下アフガーニーと略記）によると、人類は多く

▶サーティウ・アルフスリー

の共同体(ウンマ)[11]から構成されており、その存在は神の意志によるものである。個人は共同体のなかにのみ存在できる。各ウンマは、「生きた体のように、自らの手足をもち、それは一つの魂によって命令され、そのため各共同体は人間のように、その生や関心や運・不運の段階においてそれぞれ異なっている」。彼はそのような有機体を結びつける社会的信条、すなわち民族的絆と宗教的絆を区別する。彼は宗教的絆を優先する。それはイスラームがどのような民族的信条より統合的で、文化的にも豊かだからである。彼はムスリム集団のなかに民族性を認めるが、その民族性の基礎になりうるのはイスラームであると主張する。なぜならば、イスラームが他の形態の結合よりも優れていることは自らが証明してきたからである。だからこそ、イスラーム以前のアラブは大きな文化的成果を生み出すことはなく、共通のアラブのアイデンティティにもとづいて統合することすらできなかったのである。

これらの思想は、アフガーニーの政治思想の一般的枠組みを構成するが、その実体は歴史的状況によって変化した。彼がアブデュル・ハミド二世[12]と協力していた時期には、アフガーニーはオスマン帝国の国家をイスラームのウンマと定義し、イスラーム的にそれは認められると彼は考えた。彼がアブデュル・ハミド二世の専制に幻滅したのちは、オスマン主義を非難し、イスラームのウンマと国家の枠組みの認識をかなり変更した。信者たちは、

10 イラン出身のイスラーム改革思想家・反帝国主義運動指導者(1839～97)。テヘラン・イスタンブール・カイロなどで活動した。

11 ウンマはイスラーム共同体と訳されることが多い。ただ国家という意味で使用されることもある。

12 34代オスマン帝国皇帝(1842～1918，在位1876～1909)として，分裂傾向にある末期の帝国に専制的影響力をもった。1909年4月，青年トルコ革命により退陣した。

団結して「彼らのところに押し寄せるすべての洪水から、その協調によって、自分たちを守るダムをつくることができた。しかし、私はすべてのムスリムが一人の指導者をもたなければならないということを主張しているのではない。というのも、そのようなことはおそらく達成が困難だからである。しかしながら、私は彼らの全能の主はクルアーンであり、宗教が彼らの統一の基礎であるべきであると求める」と彼はいう。そして「近代科学・技術の成果にもとづいたイスラーム、つまり近代化されたイスラームの枠組みのなかにおける、この統一だけがムスリムを植民地体系から守り、植民地支配者に対する最終的勝利を保証する」と主張したのである。

今やアフガーニーはオスマン帝国の汎イスラーム主義の乱用に背を向けつつも、汎イスラーム的結束をおもに反植民地的意識形態にのみ限定して、イスラームの個々の民衆に話しかけ、彼らの植民地主義に反対する民族感情を動員する立場にあった。そのため、彼はイギリスの植民地体系に対するエジプト人の民族闘争を支持した。また、アラブは他のすべてのセム人と同じように創造的でないというルナン[13]の告発に対して、アラブの文化的遺産を擁護した。しかし、アフガーニーにとってイスラームは、彼の一生をつうじて指導的な信条であり続けた。アメリカの歴史学者ケディは「彼のおもな役割は、イスラームをむしろイデオロギーとして利用することであり、すなわち西のキリスト教徒による攻撃に対

[13] ジョゼフ・エルネスト・ルナン(1823～92)はフランスの思想家。1882年にソルボンヌでおこなった「国民とは何か」と題した講演で,「国民の存在は……日々の住民投票である」と述べ, 人種・言語・エスニック集団などの客観的基準にもとづくフィヒテの「ネイション」概念とは対照的にそれが精神的原理であり, 人々の連帯心に求められると主張した。

するアイデンティティや団結の焦点としてイスラームの立場を強化し、それを西欧の征服者たちの撃退の勢力盛り返しの契機として利用することであった」と指摘する。端的にいって、アフガーニーの政治理論は「帝国主義に対するイスラーム的反応」であった。

『堅い絆』という雑誌の記事で、アフガーニーが「汎イスラーム主義とは、すべてのムスリムが一人の統治者のもとの一つの国家に住むべきだというわけではない」と強調している。フスリーは、決して汎イスラーム主義の国家的枠組みを要求したことがないというアフガーニーの主張の証拠としてこれを引用する。しかし、実際には、アフガーニーはこの考えからは「もっともかけ離れて」いたと推測される。アフガーニーにとって、汎イスラーム主義は「友好関係・団結・妥協、そして大使の交換」を意味した。

フスリーは、アフガーニーの著作にある民族的共同体と宗教的共同体の違いに注目している。フスリーは、アフガーニーは概して民族の存在を否定していないと認識したのである。アフガーニーは「ムスリムは民族的紐帯なしにやっていくことができるが、それはムスリムがイスラームのなかに超越的な社会的紐帯をもっているからであり、そのことは民族的紐帯はある意味でイスラームのシャリーアと対立することを暗示している」と強調している。しかしフスリーは、この解釈がアフガーニーの知的成長の過程で変化することを示そうと試みたのである。

しかし、アフガーニーは厳密な意味での社会哲学者ではなく、むしろ政治的扇動家であった。彼の政治的著作は、短時間で書かれた文章の場合もあるし、秘書への口述であったり、演説のメモから彼の弟子が記録したものであったりした。彼は、決して、真剣に彼の政治的思想を体系的な理論というかたちで書きとめようとしたことはなかった。それにもかかわらず、彼のすべての業績は一つの共通の特徴をもっていた。それらは、植民地主義の対象となっているムスリムへのアピールであり、彼らをヨーロッパの植民地支配に対抗して動員しようとする試みであった。フスリーはこの特質を全体的に避けたように思われる。彼は、テキストの不正確な分析に終始し、彼の主張を証明するような文章だけを引用した。

その結果フスリーは、アフガーニーの思想は三つの段階をへたとしている。第一段階は、宗教的絆が民族的絆に対抗することを過度に強調した。第二段階は、民族集団の存在が純粋な構造をもつことを認識した。第三段階は、宗教を基礎にまとまる社会集団の純粋性に対抗するものとして、民族言語に基礎をおく文化共同体としての民族集団の純粋性の大きさを認識した。フスリーはアフガーニーが現実と希望的思考を区別することができなかったと告発する。フスリーにとって現実とは民族の実在であり、願望にもとづく思考は純粋なイスラームのウンマの概念である。彼はまた、アフガーニーの著作にあまり根拠がなく誤りが多いと批判した。

一九二〇年代のアラブナショナリズムは、強くフスリーの影響を受け、おもにドイツ・ロマン主義の政治理論にイデオロギー的基礎をもっている。アフガーニーもフスリーも個人を個別の実体としてではなく、共同体の一員とみなした点で共通していた。アフガーニーにとってこの共同体は宗教的なものだったが、フスリーにとってそれは文化的なものであった。これらの二つの定義の類似性によって、実際にはフスリーの共同体の概念は結局イスラーム的特徴を少しももっていないのか、そしてそれはドイツの民族精神の概念の単なる複製ではないのかという疑問が生じる。アラブ民族運動を研究したハイムは、「フスリーのウンマ概念はヨーロッパ的な理解では間違いなく「民族」(nation)と訳すことができる。他方、アフガーニーのウンマは、近代的用語に直接、翻訳することはできない」と指摘した。フスリーはアフガーニーの思想をアラブナショナリズムの範疇に入るものと位置づける役割をはたしたのである。

フスリーとカワーキビー

フスリーがヨーロッパ的民族概念でそのウンマの定義を展開するずっと前に、アフガーニーやムハンマド・アブドゥ[14]の弟子のアブドルラフマーン・アルカワーキビー(一八四九

[14] エジプトの思想家(1849～1905)。下エジプトの貧農の家に生まれ，アズハル大学に入り，アフガーニーと接触し，伝統的イスラームを新しい角度からみるようになった。アラービー革命後，国外に追放された(1882年)。パリでアフガーニーと『堅い絆』をつくり，イスラームの思想界に深い感化を与えた。帰国を許されると，最高法官ムフティーに任じられ，アズハルの理事となり講壇にも立ち，雑誌『アル・マナール』にクルアーンの近代的注解を連載するなどイスラーム改革のために精力的に活動した。

〜一九〇二、以下カワーキビーと略記）は、ウンマのイスラーム的概念を世俗主義にまでいたるやり方で解釈した。カワーキビーはイスラームのウンマと同様に、アラブのウンマがまた独立した共同体として存在していると主張した。こうして、ハイムによると、彼は「西欧の世俗主義と接近する一歩以上を踏み出し、実際カワーキビーは正統派のムスリムであり続けながら、ほぼ民族に関する人種主義的理論を生み出した」。

　カワーキビーはアレッポに生まれ、ごく正統的なイスラーム教育を受けた。青年のとき、アブデュル・ハミド二世の専制的支配に抵抗して戦い、その弾圧を受けた。彼は結局カイロに亡命し、ムハンマド・アブドゥとその弟子のラシード・リダー[15]のサークルで生涯活動した。彼はリダーが編集しイスラーム近代復興主義の中心となる雑誌『アル・マナール』（灯台）に多くの論説を発表した。カワーキビーはのちにこれらの論説を「ウンム・アルクラー」（村々の母）と「タバーイ・アルイスティブダード」（専制の特徴）という名の二巻にまとめた。「ウンム・アルクラー」で、彼のオスマン朝に対する批判はそれらの「イスラーム・カリフ制」を支える能力を疑うところまで進む。彼は、カリフを預言者ムハンマドの部族であるクライシュ族に戻すよう説いた。民族的特徴を帯びるのに加えて、カワーキビーのカリフ制の考え方は、他の近代的特徴を含んでいる。彼は、例えば、カリフは三年ごとに選ばれるべきであると主張する。カリフの権力は制限されるべきであり、スルタン統

[15] イスラーム学者（1865〜1935）。伝統的イスラーム科学教育やアラビア語教育を受ける。イスラームの伝統に対する近代西欧世界の圧力に対応しようとした。アブドゥやアフガーニーの影響を強く受ける。雑誌『アル・マナール』を創設した。思想面でムスリム同胞団創設にも影響した。

治はカリフの精神的権威を認めるべきであると主張した。ハイムはこのカリフ制度の解釈の世俗的そして民族的含意を強調し、「彼は疑いなく、敬虔なムスリムであるが、無意識にカリフの現世的そして精神的権力についての西欧の誤った見方を採用し、その区別を大きく拡大したので、その区別をとおして彼はアラブ・カリフ制度を設立することを正当化した」と述べた。

「専制の特徴」の論文のなかでカワーキビーは、アブデュル・ハミド二世のオスマン的専制政治を暗に鋭く批判した。彼は専制政治に力で対抗することに反対していた。彼はそのような統治が人間に対し破壊的な方法であることを示唆しつつ、それは教育や啓蒙によってのみ、終わらせることができると主張した。

フスリーは、自分の汎イスラーム主義者への反論や彼のオスマン皇帝への批判を補強するために、正統派のムスリムであるカワーキビーを積極的に引用した。しかし、カワーキビーは時として、たしかにアラブ民族思想の発展に多大な貢献をしたが、覚醒したナショナリストというよりイスラーム復興主義者とみなされうる。フスリーは同じように、当時のカリフ制の政治形態に疑問を呈するために、正統派のムスリム、アリー・アブドゥルラージク(四五頁参照)の議論を利用することで、さらに前に歩を進めた。

フスリーは汎イスラーム主義者との論争では、イブン・ハルドゥーンにもとづいて、宗教は民族の形成において二義的な役割しかはたさないこと、十九世紀のドイツ・ロマン主義の主張にもとづいて、宗教は民族宗教になってのみ真の特徴をもつと主張した。フスリーは、キリスト教やイスラームという普遍宗教は、異なった言語を話す人々の政治的統一を達成することはできないし、もしそれが達成されたとしても、それは非常にかぎられた枠のなかでの、歴史からみて非常に短い時間にかぎられるものであると主張する。このことから彼は、もし宗教に依拠すれば失地回復主義的運動は成功しないが、共通の文化・言語、そして歴史的伝統に基礎をおいた場合のみ、これは成功すると結論づけた。

彼はそのような非宗教的な理念は、影響力のあるイスラームのウラマーから異端であるという激しい反対を受けることを知っている。そこで彼は彼らとのあからさまな対立を避けるために、いわば戦術的な手加減として、彼自身の理論の政治的前提と対立しない汎イスラーム主義の定義を試み、統一(という言葉)を民族国家の統一の意味で使用したのである。彼は単一の民族国家を意味するムスリムの統一という主張にのみ対抗し、イスラームの連帯や友愛それ自体には反対しなかった。彼は汎イスラーム主義とイスラーム的連帯の厳格な区別があるべきであり、汎イスラーム主義者の主張するようなイスラーム民族国家の創設は不可能であるから、前者は後者のためにあきらめなければならないとほのめかした。

フスリーは保守的ウラマーたちがアラブ民族運動の成熟のプロセスの重大な障害である

とみなしていた。それは彼の見解では、彼らはアラブナショナリズムがイスラームの教えに反している、そしてすべてのムスリムにはスルタン・カリフへの服従の義務があると主張することで、オスマン帝国がアラブ民族運動に対抗するための道具になっていたからである。

フスリーがウラマーとの論争の過程で、イスラーム学者によるイスラームに固有の議論あるいは世俗的認識のどちらかを利用していることが顕著である。彼は第一に、オスマンの歴史家が、アッバース朝の最後のカリフであるムタワッキル(在位八四七〜八六一)がカリフ位をオスマンに譲ったという主張によって、歴史を歪めてきたことを証明しようとした。フスリーは、この歴史の改竄が彼らのアラブによるオスマン帝国への忠誠心獲得の成功に決定的に影響し、アラブ民族運動の台頭を遅らせたと考えている。しかしながら、彼は単にオスマン帝国のカリフ位に対する権利に疑問を呈することで満足しているのではなく、イスラーム政治の基礎としてのカリフ制度そのものに挑戦した。

フスリーのアブドゥルラージク解釈

アブドゥルラージク(一八八八〜一九六六、以下ラージクと略記)は、一九二〇年代でもっとも傑出したイスラーム学者であった。彼は、師のムハンマド・アブドゥにならって、近代ヨーロッパ思想を導入しつつ、伝統的なイスラーム研究は、クルアーンやハディースと同じようにイスラーム政治哲学と非常に近いものであると教えた。話題を呼んだ研究「イスラームと統治の基礎」（一九二五年）で、彼はイスラームにおいて政治研究はつねに嘆かわしいほど無視されてきた、と批判する。すなわち「政治研究は政府にとってもっとも危険な科学である。それは権力の形態・特徴・体系を暴くからである。こうして、統治者はつねにこの科学に反対し、家来がそれに接近するのを妨害してきた」とみたのだ。そこで自らの仕事が政治研究に対するイスラームの貢献であるとし、それはカリフ制度に光をあてるものになるとみなしていた。しかしそれはウラマーにとって革命的であったため、彼は保守的ウラマーによって異端としてアズハルの大学院から追放され、すべての学問上の資格や法務の官職を剝奪された。

ラージクの思想の核心は、カリフ制度は統治形態であるということであり、ここで彼は各統治形態が支配の表現であり、支配は権力にもとづくと説明したイブン・ハルドゥーンに従い、「イスラームにおいて、カリフ制度はまれな場合を除いてつねに非情な力にもとづき、これが実体的な権力であった。カリフはその地位を槍と剣、完全装備の軍隊、そして軍の全般的な意思の助けで固めた。カリフはこの基礎だけで、その統治を正統化し安全をえた」と指摘した。こうして彼は、「思想や行動において自由の側に立つムスリムや神にのみ服従するムスリムが、支配者が服従者に要求するというやり方で、人間に服従するのを拒否するのは、自然なことである。……」とし、イスラームはカリフの誤った行動の罪を負わないことを示そうとしたし、宗教の名のもとに支配者や権力者によっておこなわれたこれらの誤った行動はイスラームの扉の前におくことはできない、なぜなら「カリフが権力にもとづいているということが事実だから」ということを示そうとした。

ラージクにとって、ムスリムがイスラーム拡大の過程で建設した強力な帝国はアラブの帝国である。彼らがこの帝国を築き、彼らがその「支配者であり植民者であった。」「アラブによってつくられ統治されているその新帝国は、アラブ国家である。対照的に、イスラームは私の知るかぎりでは、全人類にとっての宗教である。イスラームはアラブでも外国でもない」。最後に、彼はいう「実際、イスラームはムスリムがカリフのもとでこうむったものに責任はない。イスラームはカリフの行動の誤りや専制や権力欲への責任はない」。この見解は、もちろん潜在的には世俗的なものであり、ラージクはイスラームを仲介者のいらない、精神的基本原則、そして神と人間の直接の関係と要約する。

フスリーは、自らの目的のためにイスラーム学者としてのラージクの理念を利用するのをためらわなかった。彼はオスマン帝国の消滅を嘆く汎イスラーム主義者に対し、「オスマン帝国はカリフ位への正統な主張はできない、なぜならそれはアラブに属するのが正しいのである」と宣言した。彼はさらに、理論面でもイスラーム主義者と対決し、ラージクから演繹し、真のイスラーム正統派はカリフ制度を認めず、それについていかなる宗教的に権威のある現世の政府の形態もないとした。しかしながら、フスリーは決してアラブにとってのイスラームの特徴を評価しないわけではない。彼はクルアーンがなければアラビア語はラテン語と同じ運命をたどっていただろうと考えるが、ただ、彼はまた、聖書をアラビア語で暗誦して、古典アラビア語を救済した、アラブ人キリスト教徒のはたした役割をも強調する。根本的にはフスリーはイスラームがアラブ民族文化の一部であることを受け入れるが、イスラームだけがアラブ文化を構成しているとは考えないのである。

また彼は、汎イスラーム主義者やイスラーム史家によるアラブ史がイスラームの登場によって始まり、それ以前にはアラブは原始的な反目しあう部族の状態で暮らしていたという主張を強く非難する。彼は、前イスラーム期の高度に発展した詩の文学的様式は、それと反対のことを証明しているとして次のように述べた。

アラブの歴史でイスラームの冒険は新しい、そして特徴的な時代を標したことは確かであるが、イスラーム以前のアラブが文明化されずあるいは原始的な人々であったと主張するのは誤りである。歴史研究はこの見解の誤りを証明した。しかし、たとえわれわれがこの研究の成果を採用せず、単純にこの時期のアラビア語を検討すれば、われわれにはこの言語が原始的な人々の言葉ではないことが明らかになる。……それどころか、アラビア語は抽象のための高度な能力を示す言語であり、それは知的伝統の基礎がなければ達成されないものであった。こうしてわれわれは、前イスラーム文化やアラブの間の精神的伝統の存在の否定は決して歴史的証拠に一致しないと主張しなければならない。

アラブナショナリズムとイスラームの交錯

以上のような議論からフスリーの民族理論はヨーロッパ的な意味で世俗的であり、そのイスラーム政治哲学との類似性は偶然のものであり、時として対照的でさえあることが明らかである。しかし、フスリーの議論がイスラームに言及することでイスラーム的様相を帯びることは、イスラームの影響力の強い社会においてフスリーの理論が拡大する助けとなった。

影響力のあるイスラーム思想家や指導者に対するフスリーの対応から、彼のイスラームの位置付けをみてみると、結果的に彼はアラブ民族が実体をもつのに対し、宗教的共同体は実体をもたないと考えていた。実際、イスラーム史を振り返るならば各王朝の権力者はシャリーアにとらわれず、事実上の世俗法(カーヌーンやニザームなど)にそって政治をおこなっており、イスラーム史の初期(ウマイヤ朝成立期)以来、世俗化は進んでいたとみることもできる。その意味でイスラーム的伝統のなかに隠された世俗的なアラブ性を見出すフスリーの議論は首肯できる。しかし、その一方でフスリーのアラブ性が普遍的な本質をもっているという主張に根拠はない。

このような文脈から考えるとき、アラブ連盟におけるイスラームの位置付けは、基本的には道具的なものであり、アラブナショナリズムの強化の観点から位置づけられており、それが二者択一的な議論に展開しないように慎重に対応されていた。後述するが、一九六〇年代にイスラーム諸国会議機構の設立につながる事件が進展し、イスラームと政治の議論がパレスチナ問題と関連して複雑化するなかで、アラブ連盟はいわばこの問題に深入りすることを回避する動きをみせたこともそのあらわれかもしれない。

第3章　旧体制とアラブ世界

アラブ連盟の設計

第一次世界大戦を頂点にしたアラブの独立と統一の動きは、イギリス・フランスによる委任統治という間接統治の導入で一段落した。そして第一次世界大戦後、アラブ民族主義はその第二の揺籃《ようらん》期を迎えた。そのなかからアラブ連盟の設立につながる一連の動きが出てきた。まず一九三二年にイギリス委任統治から独立を達成したイラクが中心となって、アラブ諸国の二国間レベルの交渉を積極的に進めた。それはイラクを中心とするハーシム家とサウジアラビアとの接近であり、エジプトとの接近の試みであった。このような動きのなかに、「近東のアラビア語を使用する諸国間の広範な協約」の考えも示された。なお、第二次世界大戦後にはアラブ民族主義をリードすることになるエジプトのアイデンティティは、「ナイル渓谷」に発展したエジプトとしての独自性にもとづくものを一方の極として、他方のより広範な宗教をベースにする「ムスリム・オスマン帝国」から言語にもとづく「アラブ民族」といった超エジプト的な概念の間に位置づけられるものであった。したがってエジプトの政治運動の傾向にも幅があった。

このようなアラブ民族主義の動向に対し、イギリスのイーデン外相は、一九四一年五月、「アラブ世界は先の戦争末期の調停のあと、大きく発展し、多くのアラブの思想家は、現在享受しているよりさらに強固な統一をアラブ人民に望んでいる。この統一を達成するため、彼らは支持を求めている。われわれの友人からの要請には、なんの回答も寄せられていない。文化的・経済的紐帯もまた、強化されるのが自然かつ正当であろうと思われる。イギリス政府としては、全国的な承認を求めるいかなる計画も全面的に支持するものである」と述べた。しかし当時は、第二次世界大戦の開始以来、ドイツ・イタリアのアフリカ地域への軍事的脅威とともに、反英感情にもとづいて中東各地に広がる親枢軸国の風潮にイギリスが警戒感を強め、この地域での支配を強化している時期であった。このためこの宣言は、中東の政治諸勢力からはイギリスの有利な戦略展開のためのアラブの協力体制確立をねらったものと考えられ、受け入れられなかったのである。

その後、一九四三年二月、イーデンはアラブ統一に関する国会での質問に答え、「私がすでに明らかにしたように、イギリス政府はアラブ人の間での経済的・文化的、そして政治的統一を推進しようという動きを共感をもってみるであろう。しかし、いかなる計画の主導権も明確にアラブ自身のなかから出てきたものでなければならない。これまでの私の認識では、そのような全体的承認を求める計画はまだ提出されていないようである」と発言した。これに対して、今度はエジプトを中心として積極的反応がみられた。

以上のようなイギリスのアラブ統一をめぐる姿勢は、アラブ側の反発や消極的反応をまねいた場合もあれば、逆に積極的反応を生む場合もあったが、これがアラブ連盟設立をめぐるイギリスの役割に過大評価をもたらしている。しかし、イギリスはイラクのファイサル一世国王やヌーリー・サイードのアラブ統一の要請を実現不可能として退けている。そのおもな理由として、シリアを支配するフランスがこのような考えを承認するはずもなく、逆にハーシム家による大シリア統一の計画はイギリスのフランス追放の隠れ蓑にすぎないとみなされる可能性がある、という考えをイギリスがいだいていたことがあげられる。したがって、イギリスは汎アラブ主義やいかなるアラブ統一の動きにも積極的でなかったとの指摘もある。それによれば、イギリスの基本的路線は中東の現状維持であり、サウジアラビアのような頑迷なアラブ統一反対の立場も、アラブの趨勢への攪乱的要素となるため、これにも注意を払っていたのである。そこでアラブ連盟の設立が止められない段階に達したときには、逆にサウジアラビアに対し、参加を促している。ただアラブ連盟推進派にしても反対派にしても、イギリスの意図をつねに念頭におき、また意見を諮ったという点では、イギリスが一連の動きのなかで少なくとも間接的影響力を行使したということはできる。長期的戦略のもとにイギリスが、アラブ諸国の体制をリードする意図が存在したか否かではなく、アラブ連盟の成立過程において、イギリスの存在が大きく影を投げかけていたという事実がアラブ側の動向を理解するうえで重要である。

エジプトの立場

ムスタファ・ナッハース首相[1]は、イギリスの呼びかけをアラブ内におけるエジプトの主導権獲得の機会ととらえた。イラクの民族主義者で、元参謀長から政治家に転身したターハ・ハーシミーは、日記で「エジプトがアラブ問題を支援しはじめたのは非常に奇妙である。エジプトはごく最近までアラブ民族に言及することを避け、一方で東洋民族と諸国に依拠することを好んでいた」と述べ、ナッハースの意図が、アラブ統一そのものではなく、アラブ内での指導権を獲得することにあったことを示唆している。それはナッハースのおかれた国内的事情が影響していた。一つには一九四二年二月に親枢軸的傾向を強めたファルーク国王に対するイギリスの軍事的脅迫(アブディーン王宮包囲事件)のもとで、彼が首相に就任したことからくる同国王との確執があった。また一つは、彼の率いるワフド党自体が、政治的実行力の欠如とともに腐敗を指摘され、民衆の支持を失っていたことである。

1 エジプトの政治家(1879～1965)。弁護士であったが第一次世界大戦後，設立されたばかりのワフド党に入党した。一時党首のサアド・ザグルールとともに亡命も経験したがのちに党首となり，以後5回首相を務めた。1936年のイギリス・エジプト条約締結の中心となり，またアラブ連盟設立をめぐりアラブ首脳の会議を呼びかけ，1944年にアレキサンドリア会議を実現させた。

ワフド党を中心とする議会政治に対する不信感が広まるなかで，「ムスリム同胞団」[2]が民衆の間に勢力を拡大していた。そこでアラブ内において，なんらかのイニシアチブをとることが，ナッハースの政権維持に必要とされたのである。

ナッハースは在野のアラブ民族主義勢力が連盟設立の交渉過程に参入するのを阻止しようとした。そのため連盟設立の過程に参加できるのは政府関係者であるとして，将来の連盟設立準備委員会に在野の勢力の参入の道を閉ざそうとした。それに対し在野のアラブ民族主義勢力は，ファルーク国王と結んでナッハースとは別に汎アラブ的行動をリードしようとした。その一つの試みが，イスラームという次元でアラブ世界における主導権を握るために，アブドル・ラフマーン・アッザームやムハンマド・アリー・アブドッラーらの汎アラブ主義の指導者やアズハル大学学長のシェイフ・アリー・マラギーといった宗教指導者を含むアラブ統一委員会設立の動きであった。しかし，この試みが失敗しアラブ連盟に関するナッハースの影響力を切りくずせないことが明らかになると，ファルーク国王はアラブ統一の実現性という側面からナッハースへの攻撃を継続した。

交渉の過程で明らかになってきたナッハースの立場は，基本的にはゆるやかなアラブの協力関係を維持するための組織づくりをめざし，より緊密なアラブの協力関係を求めるシリアの立場と孤立主義に近いサウジアラビアの立場の間でバランスをとりながら，自らの

[2] 1928年，エジプトのイスマーイーリーヤ市において，ハサン・バンナー（1906～49）によって結成された。その後，カイロに拠点を移すと，国内に支部を設立し，全国規模の組織となる。大衆を基盤とするイスラーム復興を推進する同胞団は急速に組織を拡大させた。1940年代末には，人口2,000万のエジプトで50万人のメンバーと同数の支持者を擁する同国最大の政治・社会結社となった。

イニシアチブを維持するというものだった。

ハーシム体制の動向

トランスヨルダンは、トランスヨルダンと「歴史的シリア」(現在のシリア・レバノン・イスラエル・ヨルダン一帯を意味する)のほかの部分を統一し、そのうえにアブドッラー[3]を国王とするハーシム家が君臨するという大シリア形成の意向に特徴づけられていた。しかし半独立的状態にあり、イギリスの意向を無視できないアブドッラーは一時この主張をあきらめかけていた。それは、シリアがフランスの委任統治下におかれたため、アラブ統合の動きは現状攪乱的要因ともなり、フランスの警戒を呼ぶとのイギリスの判断を反映していた。しかし一九四〇年フランスがドイツに占領されるなかで、アブドッラーはこの野望をふたたび蘇らせた。したがって、アラブ連盟設立をめぐるアラブ統一の動きのなかで、アブドッラーの大シリア案も議論の対象となったのである。

トランスヨルダンのアブー・フダ首相は、ナッハースとの交渉のなかで、本来結びつきの強かった「大シリア」が大国により不当に四つの国に分断されたとして、その独立と統合を主張し、統合された「シリア・ブロック」型の連合に参加すると主張した。しかし、レバノンのマロン派の非妥協的立場もあり(六〇頁参照)、アブー・フダ首相はレバノンの

[3] ヨルダン初代国王(在位1946〜51)。シャリーフ・フセインの二男としてマッカに生まれ，イスタンブールで教育を受けた。1914年オスマン帝国に対するフセインの主導するアラブ独立運動準備のために，イギリス側との連絡役を務めた。1946年ヨルダンの国王となり，アラブでは唯一，国連のパレスチナ分割決議を承認した。第１次中東戦争でヨルダン川西岸を占領すると，1950年に西岸を併合し国名をトランスヨルダン王国からヨルダン王国とした。しかし，エルサレムでパレスチナ人民族主義者により暗殺された。

併合をあきらめ、また一部地域にユダヤ人の特別自治区設置の承認を保障することを明らかにした。また次善の策として、アメリカ合衆国やスイス連邦のように四つの「シリア諸国」間で連邦を構成する可能性も示唆した。このように、トランスヨルダンは大シリア形成を第一の目標としながらも、少なくとも各国のある程度の主権の維持については、譲歩する構えがあったことが特徴である。

「アラブ統一」に関わるイラクの代表的考えは、アラブ連盟設立の過程でイラクの中心的役割をはたしたヌーリー・サイード[4]がイギリス側に伝えた「肥沃な三日月地帯」構想であろう。これは、イラク・トランスヨルダン・パレスチナ、そして可能なかぎりサウジアラビアが加わって連合を形成し、その後にシリアが参加するというものであった。その連合は①他の参加諸国にイギリス・イラク同盟の範囲を拡大すること、②すべての関税障壁の撤廃、③統一的公教育の実施、④通貨統合、⑤共通の軍事訓練体系設立、⑥統合的プログラムによる国家間のコミュニケーションの開発をめざす、とされた。

こののち、イラクの親独派将校のクーデタにより、一九四一年四月に短期政権の座についたラシード・アーリー・アルキーラーニーは、「アラブ統一」に関して①イラクのクウェート併合、②拡大されたイラクとシリア・レバノン・パレスチナ・トランスヨルダンの連邦、③これらの「小国家」代表がバグダードに集まり連邦評議会を構成し、大統領を選

4 イラクの政治家(1888～1958)。オスマン帝国の軍人としてイギリスと戦ったが捕虜になった経験がある。ファイサルのもとでトルコからの独立運動に参加した。1920年ファイサルがイラク国王になると，14回首相を務めた。イラクのイギリスからの独立を決めた(多くの制約があったが)条約締結を進めた。王政維持と親英路線を堅持した。またアラブ民族の統合を主導し，アラブ連盟創設に関わった。西側の軍事同盟であるバグダード条約加盟をめぐり，アラブ民族主義者から強い反対を受けた。1958年，カーセムによるクーデタのさいに暗殺された。

出すること、④各連邦政府が内政に関する自治を享受すること、⑤連邦評議会が外交・軍事・経済問題を取り扱うことなどを提案した。

歴史的にはその影響力からヌーリー・サイードの案が注目されたが、大国（イギリスおよびドイツ）の意向を考慮し、それを利用するという基本的立場のもとに、「歴史的シリア」とイラクの統合をはかるが、各国家の消滅というところまでは踏み込まないという点は両者の共通点であった。ただキーラーニーの案は、連邦評議会の設立や大統領の選出にまで言及している点が注目される。

なおアラブの統一や協力の方向についてイラク国内では、クルドとシーア派勢力がそれぞれの立場から反対を表明していた。前者は連合により、自分たちの重要性が減少し、利益がさらに損なわれることを恐れた。後者は、統一が実現すれば、国内のスンニー派とのバランスがくずれ、少数派になることを恐れたとされる。

共和派の動向

ナショナルブロック[5]下のシリアはもっとも強くアラブ統一を主張し、アラブ単位での紛争解決のための強制的方法を導入し、自らの主権を放棄する用意もあったとされている。そこには、フランスの駐留軍との対立に直面しながら独立を達成するためには、アラブ統

5　シリアの民族主義政党の連合体。1925年から49年までフランスの委任統治に反対し，独立を求める。1930年にフランスが委任統治領の議会を解散してから，住民の支持が強まった。

一という枠のなかで運動を進めるのが有利であるとの事情があった。実際、連盟設立後の一九四五年五月にはフランス政府がシリア・レバノンにおいて特権的地位を確保するためセネガル兵部隊を派遣した結果、これに反発する両国でのデモに対し同兵が発砲し多数の死傷者を出す事件が発生した。同六月レヴァント紛争に関するアラブ連盟会議がカイロで開催された。各国代表はフランスを痛烈に批判した。しかし、会議ではエジプト・サウジアラビア・イラクがシリア・レバノンによる対フランス断交に反対し激論となった。とくにエジプトは紛争を北アフリカにまで拡大することを避けたいとして断交に真っ向から反対した。シリアの統一のイメージはトランスヨルダンと同じく大シリア統一が核となっていたが、その体制については王制ではなく共和制であった。また一般のシリア人にとってトランスヨルダンはシリアの一部にすぎなかった。

「大シリア」よりさらに現実的な問題として、レバノンとの関係があった。シリアはもとよりレバノンがシリアの一部であり、レバノンのキリスト教徒もムスリムもシリアとの統一を希望していると主張していた。しかし、レバノン側の強い独立志向に直面し、第二の案として、シリアとレバノンの統一が拒否される場合には、一九二〇年にフランスによって分離させられたスンニー派ムスリムの多い海岸部の町タラーブルス(トリポリ)・サイーダ(シドン)と、おもにシーア派ムスリムの多い東部・南部レバノンをシリアが回復すべきだと主張していた。

　レバノンは一九四三年にフランスの委任統治領から独立した。そのさい、「国民協約」によって各宗派の政治指導者間の約束にもとづいて、大統領はマロン派[6]から、首相はスンニー派ムスリムから、国会議長はシーア派ムスリムから指名することが決められていた。これはオスマン帝国時代からフランス委任統治時代をへてマロン派が多数派を占めるという前提を受け入れた協定であった。このため、レバノンにおいては独自性を保とうとするマロン派を中心とする「レバノン主義」の傾向が強くあらわれる傾向があった。他方、シリアは「歴史的シリア」の一構成部分として、レバノンがシリア領土の一部であると主張する傾向が強かった。このため、レバノンはアラブ連盟の創設過程において、もっとも強硬にアラブ統一の方向に反対した。とくにレバノンで政治的主導権を握るマロン派は、統合によりムスリム世界のなかの少数派になることを恐れた。統一問題が宗教の問題と重なって意識されたのである。

　この観点からは逆に、シリアそしてアラブとの協調、統合的方向を支持するムスリム勢力もあった。しかし、それはレバノンのなかでは主導権をとれなかった。さらに連合軍のノルマンジー上陸作戦後のナチス勢力の後退によって、フランスが発言権を強めるようになったことも影響した。すなわちフランスはアラブ統一の動きの背後にイギリスの意図を

6　東方典礼に服するローマカトリック最大の教派。レバノンやシリアに多い(約40万人)。アンチオキア総大司教ヨハネス・マロ(685〜707)の指導のもとにビザンチン軍の侵入を退け独立を保持。7〜8世紀頃は強大な勢力をもち，ウマイヤ朝などにも対抗した。

みる傾向にあり、イギリスとしてはこれに懐柔的に対応するため、レバノンの動向を統一派が抑えにかかる傾向を強く支持できないという事情が生じたのである。

アラビア半島の動静

イブン・サウード国王[7]はつねに全アラブ統一の呼びかけを疑念をもって眺めていた。自分の地位を犠牲にして他のアラブ諸国の地位の向上をもたらすのではないかという恐れから、彼はアラブ世界のいかなる現状の変更も非難した。とくに統一の呼びかけがハーシム家の支配するイラクやトランスヨルダンからの場合は、強くそれを非難する傾向があった。二十世紀初頭から、イギリスとサウジアラビアの指導者の間には密接な友好関係があり、これを利用してサウジアラビアはアラブ統一のいかなる呼びかけも阻止する構えであった。したがって、イブン・サウードの基本政策は、各アラブ諸国が、自国のアイデンティティを保ち、互いに侵略行為をすることが不可能ないわばバランス・オブ・パワーを保証するようなかたちで独立を保つことを目的とするものだった。つねにイギリスの意向を意識し、それとの協調を大前提に考えている点がきわだっていた。

イエメンはおもにサウジアラビアの外交方針に追随する傾向が強かった。

7　サウジアラビア初代国王(在位1932～1953)。サウード家は1780年から1880年までアラビア半島の大部分を支配していたが，ライバルのラシード一族に追われ，クウェートに一時亡命した。1901年イブン・サウードはアラビア半島に戻り，リヤドを奪還し主導権を回復した。

アラブ統一をめぐる議論と主導権争い

一九四三年三月にエジプトのナッハース首相がアラブ統一問題会議のイニシアチブを表明すると、大シリア統一の主導権を握ろうとするトランスヨルダンのアブドッラーと、アラブ内の地位確保に敏感なサウジアラビアのイブン・サウードの反発を受けた。エジプトはイラク・シリア・レバノンとそれぞれ二国間交渉をおこなった。この二国間交渉によってエジプトは連盟設立過程での各国の思惑に関する情報を独占し、実質的な主導権を握ることになった。

サウジアラビアをどう説得し、交渉に参加させるかがイニシアチブ維持のためにもエジプトがつねに意識しなければならない問題であった。サウジアラビアは、アラブ連盟をめぐる交渉過程への参加条件として、ライバルであるハーシム家の地位が拡大しないこと、アラブ世界での指導的地位の維持、サウジアラビアと連合国との友好関係を損なわないことなど、アラブ世界の現状維持を求めていた。

このサウジアラビアの傾向は、独立性と主権の維持をおもな目標とするレバノンのとくにマロン派を勇気づけるものだった。力関係からアラブ内で強い自己主張のできないレバノンは、サウジアラビアのこの方向性を歓迎し、ハビーブ・アブー・シャハラ同国法相兼首相代行は、一九四四年四月、独立と主権を変更するようないかなるアラブ統一計画にも反対する旨表明し、経済・文化的協力にのみ同意するとの意思を示した。その後リアド・アルスルフ同国首相は、「アラブ統一会議のもっとも重要な目標は、各アラブ諸国の完全な独立を守ることである」と宣言するにいたった。

アラブ統一問題で対極にあるシリアは、ジャミール・マルダム[8]外相をサウジアラビアに派遣した。同外相は、サウジアラビアが積極的にその影響力を行使して、アラブ統一会議を開催させるべきであり、連合国が戦争に注意を向けている今がその機会であると説得しようとした。しかし、サウジアラビア側は、戦争終了まで会議は待つべきで、アラブ統一の動きには反対である旨答えた。サウジアラビアが参加に傾いたのは、仲介者的立場にあるエジプトがアラブ統一、各国の独立の放棄に関して消極的であることが徐々に明らかになったことによる。ナッハース首相は大シリアをめぐるシリアとの交渉のなかで、大シリア統一は統一国家であれ、連合国家であれ、不可能であるとの懐疑論を明らかにしたのである。

アラブ連盟設立の準備過程で、アラブ統一案は①統一国家、②連邦国家、③ゆるやかな連合体、の三つであった。各国の完全な主権放棄を前提とする①や、主権の制限を求める②とは異なり、③は執行権力をもたない連合であり、活動は協調や協力に限定され、その決議は賛成した諸国のみを拘束する。さらに①や②が構成国の紛争の強制的解決手段をも

8　ダマスクスのスンニー派の名家出身(16世紀のオスマン帝国大宰相ララ・カラ・ムスタファ・パシャにつながる)の政治家(1894～1960)。パリで政治学を学び，オスマン帝国時代のアラブ民族主義組織アルファタート創設に関わった。

つのに対し、③はなんら強制的な紛争解決手段をもたない。

シリアは①の方向を追求し、エジプトはサウジアラビアとレバノンが少なくとも③の範疇にとどまるようリードしようとした。イラクは当初エジプトの主導権を認めていたが、途中から独自にシリア接近をはかるなどの動きをみせた。しかし、「肥沃な三日月地帯」構想を中心とした統一をめざしたヌーリー・サイードも、①の方向の中心である中央政府の設立に関しては、共和制と王制、ハーシム家対サウード家の対立などから、実現が難しいと認識していた。トランスヨルダンは孤立して自らのイニシアチブによる大シリアの形成を主張していた。しかし、実際上もしシリアとトランスヨルダンが連合しても、多数派となるフランス委任統治下のシリアの政治家の大部分が共和制を支持し、また同国内でのアブドッラーの信望も篤《あつ》くない事情を考えれば、①の方向につながるかたちでハーシム家の権力を維持することが不可能であることは明らかだった。協議のなかで、イラクとトランスヨルダンは②の連邦国家案に近い案として、(a)アラブの一国と他のアラブ国間の紛争を解決するのに、武力の行使を禁止する、(b)アラブ世界全体にとって不利となる外交政策をとることを避ける、(c)アラブ諸国全体のためにアラブ諸国の過半数により結ばれた国際的協定の十分な尊重の三点を除いては強制的性格をもたない連邦を支持することとした。

しかし、(b)を除いては他のアラブ諸国の賛成をえられず、ほぼ③に近いかたちで妥協せざるをえなかった。こうして、独立獲得の前提としてアラブ統一を掲げるという現実的理由のあるシリアを除いては、すでにこの段階で国の主権放棄は現実味をもたなかった。

アラブ統一問題とともに、アラブのどこまでを対象にするかという問題が発生した。ナッハース首相は、統一会議に参加する資格があるのは、正式の政府の代表にかぎるとの認識を示していたにもかかわらず、依然としてフランスからの独立を達成していない北アフリカ諸国を会議に招待することを考えていた。それによる北アフリカ諸国の国際的地位の向上が独立へのはずみとなるとともに、自らのアラブでの評価の上昇が期待できるからであった。一九四四年四月、ナッハースはド・ゴール将軍に対し、北アフリカ諸国の参加問題と投獄されている独立運動指導者の釈放、アルジェリア・モロッコ・チュニジアの独立を求める覚書を送った。フランスはこれを拒否するとともに、アラブ統一運動自体への警戒を強め、イギリスに対し北アフリカ諸国を計画中の汎アラブ会議からはずすよう要求した。

この問題は、フランスとの関係からイギリスのもっとも気を遣うところであり、このことに否定的な見解を表明していた。それだけでなくイギリスはフランスとは直接関係のない旧イタリア植民地リビアの指導者でカイロ亡命中のイドリース・サヌーシーを、準備会議に参加させることにも否定的であった。これは、第二次世界大戦後の平和条約が結ばれる前に、植民地に関する態度を表明するのを避けようとする考えからであった。結局、イギリス・フランスの思惑の絡む北アフリカ諸国の参加問題は、アラブ側が圧力に屈したかたちで先送りされた。シリアがアラブの参加国の問題で、北アフリカ諸国の除外を主張したのは、歴史的シリアの枠にこだわるというより、独立を前にフランスとのこれ以上のトラブルを避けようとする一国的動機にもとづくものであった。この点からみれば、シリアのアラブ統一の考えの根底には、あくまで統一が自国の独立に結びつくというきわめて現実的なねらいがあったと考えることもできる。最後にパレスチナ人代表の参加問題もあったが、参加権以前にパレスチナの存亡をめぐる東アラブの構造変動は、アラブ諸国に最大の難問を突きつけることになる。

パレスチナ問題の発生

両大戦間にあってアラブの政治潮流に大きな影響を与えたのが、パレスチナ問題の深刻化であった。一九三六～三九年のパレスチナ・アラブ反乱はとくに汎アラブ的議論に拍車をかけた。この反乱は、エジプトでは「ムスリム同胞団」、「自由立憲党」などを含む諸勢力で結成された「パレスチナ人犠牲者救済高等委員会」の結成をもたらした。イギリスとの関係で障害を生むことを回避しようとするワフド党政権でさえ、パレスチナ・アラブ支援の空気を無視することはできなくなっていた。シリアでは、おもに「イスラーム指導協会」を中心にユダヤ人移民の停止を求める声があがり、パレスチナへの武器支援もおこなわれた。しかし、フランスの委任統治下にあり、独立をめざすうえでイギリスの役割に期待する面もある同地では、それほどパレスチナ支援のトーンは高くなかった。すでに独立を達成したイラクでは、パレスチナ反乱への反応は強く、イギリスのパレスチナ政策への非難とパレスチナ・アラブへの支持の声があがり、犠牲者への支援基金が募られた。しかしそのイラクでも、一九三六年にイラク・シリア・トランスヨルダンからの二〇〇人規模の義勇兵をパレスチナに派遣したさい、イギリスとの関係から問題が生じた。当初、ハーシミー政権はこの義勇兵を支援する構えだったが、直前になってイギリスとの関係に配慮してこれを中止させようとした。しかし間に合わなかったという事件が起きたのである。

パレスチナの政治指導者は、一九三六〜三九年をとおして、この問題はもはやパレスチナ人だけの問題ではなく、全アラブ、全ムスリムの問題であると主張した。パレスチナのユダヤ化を防ぎアラブ的性格を守ることが、各地でアラブ民族主義者の第一の義務となった。このため、一九三七年のパレスチナ分割を提唱する「ピール委員会報告」に対しては、エジプト・イラク・シリアはもとより、イギリスとの関係が深く汎アラブ的行動に慎重なサウジアラビアでさえも反対した。サウジアラビアの国王に対しては、聖地にユダヤ人国家ができることに反対するワッハーブ派からの圧力がかかり、また各地のムスリムから分割反対の声が寄せられたのである。

アラブ連盟の設立に関わる一九四四年のアレキサンドリア会議には、大ムフティであるハッジ・アミン・アルフセイニーの参加についてアラブ諸国からの反対があり、彼は参加を断念した。このようななかでパレスチナ人の代表として参加した学者のムーサ・アラーミーは、エジプトやイラクと協力してパレスチナ人の参加に難色を示すイギリスの態度を軟化させることに成功し、また全参加国の支持と同情をえることに成功した。アレキサンドリア綱領では、パレスチナ特別宣言が出され、そのなかでパレスチナへのすべてのユダヤ人移民を止めさせ、アラブの土地を守ることが呼びかけられた。また同宣言ではパレスチナの独立が基本的なアラブの権利であると考えられ、土地の保持のためのアラブ基金設立が決められた。このようにパレスチナ問題は、この問題への大衆の覚醒やアラブの協調に関する一般的支持を集め、その後のアラブ民族主義の結節点となるとともに、アラブ諸国のイスラーム諸勢力にとっても象徴的な課題とされたのである。

一九四七年十一月の国連総会決議一八一号によりパレスチナ分割が決定すると、アラブ連盟は全会一致でこれに反対し、パレスチナ・アラブ高等委員会を含むアラブ諸国の指導者も反対の意を表明した。イギリス委任統治終了の前日である一九四八年五月十四日、イスラエルが独立を宣言すると、パレスチナの領土と住民を守るためにアラブ諸国軍の派遣を決めた。当時アラブ連盟事務総長は国連事務総長に宛てられた電報で、「アラブ諸国のパレスチナへの介入はパレスチナに蔓延している騒動がアラブ諸国に広がらないように法と秩序を回復し、これ以上流血の事態が拡大しないようにするため」とし、「アラブ諸国はこれまでイギリス委任統治下におかれていたパレスチナの独立と主権は、今や委任統治の終了によって事実上成立していると認識し、パレスチナの合法的住民のみが外部の介入なくあらゆる統治機能を遂行する行政府を設立する資格があることを主張する。そのような段階になったら、平和の回復と法と秩序の確立に限定されたアラブ諸国の介入は終了し、主権を有するパレスチナ国家が他のアラブ連盟諸国と協力して当地の住民と領土の繁栄と安全のためにあらゆる方策を講じる」と説明した。

しかし、エジプトは一九四八年六月、委任統治時代の法律は依然有効であると宣言した。そして同七月、アラブ連盟は同連盟の管轄下にパレスチナの暫定文民政府の設立を決めた。トランスヨルダンのアブドッラー国王は強く反対したが、アラブ高等委員会は渋々これを受け入れた。しかし、新行政府は適切に設立されることはなかった。八月、新たな政令が出され、エジプトの行政長官は高等弁務官の権限を与えられた。エジプト政府はアブドッラー国王の意図やパレスチナでのその権力拡大に疑いをもっていたので、九月にアレキサンドリアで開かれたアラブ連盟の会談で提案をおこなった。その提案は、七月に合意された暫定文民政権の拠点をガザにおき、全パレスチナを統治するアラブ政府に変えるというものであった。全パレスチナ政府を設立するというアラブ連盟の決定の公式発表は、九月二十日になされた。二日後、ガザに全パレスチナ政府が設立され、ヨルダンを除く全加盟国によって承認された。一方、九月三十日にこれに対抗する第一回パレスチナ会議がアンマンで開催され、即座にガザ「政府」を非難した。

一九四九年九月の停戦協定の結果、西岸と東エルサレムはヨルダンの統治下にはいり、ガザ地区は一九六七年の第三次中東戦争までエジプトの占領下におかれた。一九五〇年の最初の数カ月で、イスラエルとヨルダンは個別に「五年間の不戦協定」を締結するところまできていた。しかしながら、一九五〇年四月十三日、ヨルダンがアラブ連盟の合同司令部と結んだ経済協力協定には「イスラエルとの単独の経済的・政治的・軍事的協定を結んだいかなるアラブの国も追放する旨決議」されていたため、ヨルダンはイスラエルとの協定を結ぶことができなかった。ヨルダンは一九五〇年四月、西岸を正式に併合し、アブドッラー国王は翌年七月、エルサレムで反ヨルダン派のパレスチナ人に暗殺された。

アラブ連盟の政治委員会はガザでのパレスチナ人の政府設立の決定を支持し、すべての連盟のすべての会合にパレスチナ代表を招聘した(一九四九/五〇年)。同時に、同委員会はヨルダンの西岸併合ないしは強制的統合について、それは一時的なものにすぎず、すなわちパレスチナ人の自決権行使の能力の延期であることを強調し、留保を表明した。

反帝国主義と冷戦

中東域内のアラブ諸国以外の国の動向に目を向けると、トルコはアメリカのマーシャルプランを受け入れ、さらに一九五二年には北大西洋条約機構（NATO）に加盟し、イランはトルコとともに五五年に中東をめぐる西側の軍事同盟バグダード条約に加盟するなど、冷戦体制強化の兆候がみられた。ただこのような冷戦構造にもとづく政治的介入とともに、帝国主義的利害が交錯する介入がみられたことにも注意が必要である。前者はアメリカ・ソ連、後者はイギリス・フランスの動向に代表されていた。イギリス・フランスは前者の危機感に乗じようとする面もあったが、この点についてアメリカはそれを切り離そうという志向がみられた。

とくにエジプトとイギリスの間ではすでに、条約改正問題をめぐりスエズ運河地帯で武力紛争が展開していた。同問題をめぐって、一九五一年十月、サラーハッディーン・エジプト外相は、ソ連の脅威よりも目の前のイギリス軍の占領とイスラエルの脅威のほうが深刻であること、中東防衛に関して他のアラブ諸国と協力するかどうかはイギリス軍のスエズ運河地帯とスーダンからの撤兵後の問題であること、イギリス・エジプト条約を犯しているのは条約で決められた一万以上の軍を駐留させているイギリス側であることを指摘した。これに対しアラブ連盟は全会一致でイギリス・エジプト条約をめぐる紛争でエジプトの立場を支持する旨表明している。さらに同年十一月八日にはパリで、戦略的に西側の軍事防衛網につながるアメリカ・イギリス・フランス・トルコ四国提案を一致して拒否することをアッザーム・アラブ連盟事務総長が表明した。それにもかかわらず同十日に軍事援助を条件に中東防衛機構案を四国が可決すると、同事務総長は、「中東防衛は中東諸国民の協力と好意をえずに押しつけることはできない……」として四国の姿勢を批判した。

一九五一年十二月三日、スエズ運河地帯でイギリス軍とエジプト人との間で最大の衝突事件が起こり、エジプト人警察官二人、民間人一四人、イギリス軍一三人の計二九人の死者を出した。エジプト側は、事件の発端はイギリス軍側からの攻撃によると説明したのに対し、イギリス軍側はエジプト側伏兵の攻撃を受けたからであると主張した。このような緊迫した状況に対し、イギリス海軍の二隻がマルタ島の海軍基地からポート・サイドに向かった。このようにアラブ連盟設立の時期は第二次世界大戦後の国内体制の過渡期・変動期にあり、それが冷戦的条件や旧帝国主義との関係とあいまって国際化する状況を現出していた。

第４章　アラブナショナリズムの展開

新体制下のアラブ政治

アラブ連盟成立後、第二次世界大戦が終わり、国連が設立されるなど国際社会の環境が大きく変化した。アラブ連盟は、最初の課題であるパレスチナ分割阻止に失敗し、域内にイスラエルという敵をかかえながら帝国主義的介入や冷戦状況に直面することとなった。エジプト・イラクやイエメンは王制から共和制への体制変動を経験し、ヨルダンも国王が交代した。また、新たに独立した北アフリカ諸国が連盟に加盟するなど、アラブ諸国自体も変化するなかで、アラブナショナリズムは新たな段階を迎える。この時期にアラブ諸国は三度の中東戦争を経験することになるが、この戦争がアラブナショナリズムの展開とアラブ連盟の対応を規定した。

とりわけエジプトを軸としたカウミーヤ的(汎アラブ的)なナショナリズム政策をめぐるアラブ諸国の駆け引きと、そのワタニーヤ的(一国中心的)なナショナリズムへの路線転換

Column #02

ナセリズムとアラブナショナリズム

アラブナショナリズムは、一九五〇年代から六〇年代を中心に新たな展開をみせた。その中心となったのが、エジプトのナセル大統領[1]の政治的影響力を背景にするナセリズムと、シリアを中心とするバース主義的なアラブナショナリズム政策であった。この二つは、その汎アラブ主義・反帝国主義・反植民地主義・反シオニズム・アラブ社会主義など共通点が多かった。汎アラブ主義は初期アラブナショナリズムでも主張されたアラブの言語文化的歴史的共通性に依拠する考え方であり、反帝国主義も初期のアラブナショナリストやイスラーム主義者の問題意識とつながるものであった。反植民地主義の主張は、アラブ地域が西欧諸国の植民地・保護領・委任統治領とされ独立を阻止されたことによるものだが、それと関連してシオニストによりアラブの土地とみなされていたパレスチナの一部を失ったことが反シオニズムの主張につながっている。

アラブ社会主義は、国家中心の政治・経済改革推進の比重が大きく、ソ連や東欧型のいわゆる社会主義とは異なり、イスラーム的伝統の強

1 エジプトの軍人・政治家(1918～70)。陸軍士官学校を卒業。1948年の第1次中東戦争後，軍隊内部に自由将校団を再組織し，52年7月軍部クーデタを指導してファールーク国王を追放，翌年11月ナギーブ大統領を追放して首相となり，56年6月国民投票で大統領に選出された。同7月スエズ運河国有化を宣言。同11月のスエズ戦争を契機に汎アラブ主義の指導的政治家となり，58年シリアとの合邦によるアラブ連合共和国(1961年解体)成立にともない，同国大統領となった。67年の第3次中東戦争敗北の責任をとって辞意を表明したが国民の反対で撤回，留任した。70年9月ヨルダン内戦の調停に努力，同協定調印の直後死亡した。国際的にはチトー，J.ネルーらとともに非同盟グループの中心となった。発展に努めた。著書に『革命の哲学』(1955年)がある。

いアラブ社会の現状にあい反する共産主義に対しては警戒感を示していた。原則的には非宗教的とみなされるナショナリズムを主張するナセリズムであるが、イスラーム的価値で一体感をもつアラブ地域の連帯を重視した。ただし、逆にイスラームが政治に関与することに関してはこれに強く反発し、ムスリム同胞団を弾圧した。

ナセリズムとは革命後、エジプトの指導者となったナセル大統領の国内的・地域的影響力に対して当初、おもに欧米のメディアなどで（警戒あるいはやや侮蔑的ニュアンスをもって）使用されるようになった用語だった。ナセル自身はエジプトの政治改革、イギリス支配からの完全独立をめざし、一国的改革を志向していたが、一九五六年のスエズ戦争を契機としてアラブ地域全体の結束と非同盟中立諸国との連携が重要であるとの認識に達した。ナセルの在任中は、エジプト政府は革命的アラブナショナリズムとアラブ諸国のナセリズム団体を支援する傾向にあった。他方、大衆レベルではエジプトのラジオ放送「アラブの声」などをとおしてナセル人気が高まり、国境をこえてアラブ世界のイメージが拡散した。

このようなエジプトを中心としたアラブの統合をめざす動きは、一九六〇年代以降のアラブ連盟の活動にも直接的・間接的影響をおよぼすことになる。

をめぐるアラブ諸国関係の変化のなかで、アラブ連盟は国際社会に「アラブ世界」としての方向性を示す媒介となった。さらにアラブ諸国は、アラブ連盟という場において自国の政治的立場とアラブのコンセンサスとの距離をはかり、それを受け入れるにしても拒否するにしてもそれを意識した行動をとらざるをえなかった。

なおアラブ政治という文脈から考えるときに、ナセリズムの国境をこえた影響力拡大が広範な大衆的支持にもとづいていたことに示されるように、大衆の登場が政治の場面できわだってきたことも注目すべき点である。この時期にナセリズムのように広範な大衆の感情に訴えかける問題としてパレスチナ問題がさらに注目を集めた。しかしパレスチナ問題は、難民として流入したパレスチナ人が多く居住するアラブ諸国にとっては治安に関わる問題でもあり、これがPLOの軍事行動をめぐる各国の対立をまねき、アラブ連盟の対応も困難なものとなった。

スエズ問題と帝国主義

一九五六年七月二十六日、エジプトの地中海沿岸の町アレキサンドリアで、約一〇万人の聴衆の前でエジプトのナセル大統領はスエズ運河[2]会社の国有化を宣言した。これはアメリカとイギリスによるアスワン・ハイダム建設[3]への融資撤回に対する対抗措置としておこ

[2] エジプト北東部にあり，紅海と地中海とを結ぶ運河。ヨーロッパとインド亜大陸，その周辺および西太平洋の諸国を結ぶ最短運河。1859年フランスのF.レセップスによって建設工事が開始され69年に完成。75年以来イギリス系のスエズ運河会社の所有となる。82年イギリスは運河地帯を占領し，軍事基地としたため，イギリスのエジプト支配の象徴とみられていた。1956年のスエズ戦争後スエズ運河公社が設立された。

[3] エジプトのカイロの南方約400キロに建設されたダム。ナセルは，ナイル川の氾濫を防御し，灌漑で農地を拡大し，大規模な電力を起こして工業化を進めるためにダムの建設を重視していた。当初，世界銀行・アメリカ・イギリスからの資金・技術援助で建設する予定だったが，1956年にアメリカが援助を撤回，これに対しナセルはスエズ運河国有化に踏みきった。スエズ戦争の誘因にもなったが，その後，ソ連からの資金・技術援助により70年に完成した。

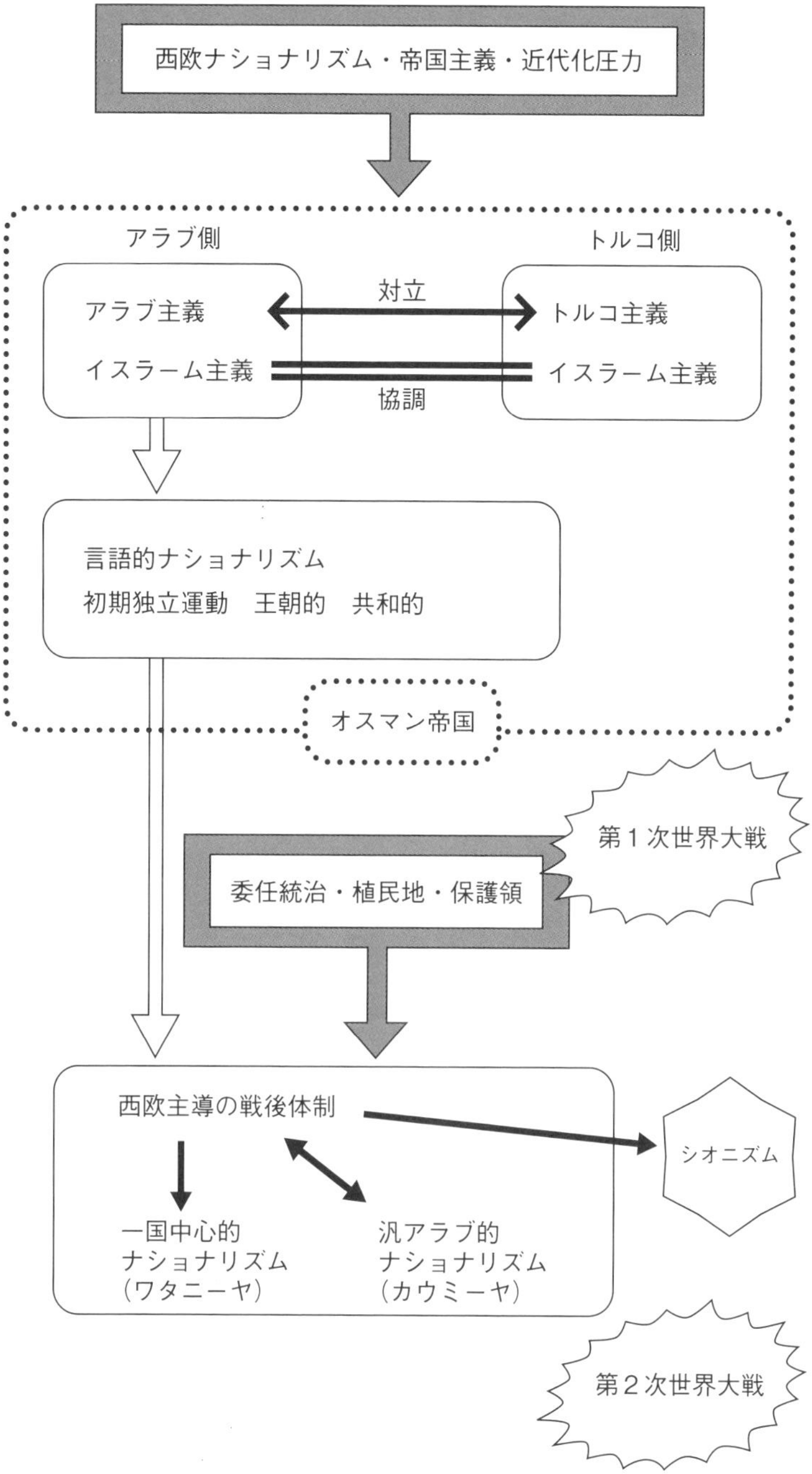

▲図3　初期アラブナショナリズムの展開とアラブ諸国

なわれた。スエズ運河はエジプトの領土内を通っているが、一八八八年にエジプトと列強の間にかわされたコンスタンチノープル協定によって、国際運河航行の自由を保障するためにエジプトの主権の行使が制限されており、スエズ運河会社はこの国の歴史において帝国主義的利権の象徴であった。ナセルは株主に対する補償と航行の継続を約束していたので、国有化の行為は非合法なものではなかった。しかしイギリスとフランスは、ナセルの行為が中東や北アフリカにおける彼らの特権や政治的立場に対して、大きなダメージを与えるものとみなした。そこで軍事行動の準備を進めながら、イギリスとフランスは介入の口実となる運河航行の停滞をもたらすように妨害工作をおこなった。

一九五六年七月、アラブ連盟のハスーナ事務総長はスエズ運河の国有化問題について、「イスラエルの建国が近年においてアラブに加えられた最大の悲劇だとするならば、スエズ運河の国有化は、アラブを弱体化しようとする謀略に対する答えである」とアラブ世界全体の危機との立場からエジプトの行動への支持を表明した。また同年九月十八日、カイロで開催されたアラブ連盟政治委員会は、スエズ運河の将来についてはすべてのアラブ諸国の利害に関わる問題であり、フランス・イギリス両国が武力で同運河の奪取を目論んでいるという認識を表明した。

しかしながらイギリス・フランスと、チラン海峡[4]航行上脅威となるエジプト軍をシナイ

4　シナイ半島とアラビア半島に挟まれた幅約13キロの海峡。エジプト・イスラエル・ヨルダン・サウジアラビアの国境の集中するアカバ湾と紅海の間にある。チランは海峡の入り口付近の島の名前からつけられた。

半島から追い払いたいイスラエルは利害が一致し、三国は事前の十月末にエジプトへの攻撃を画策した。十月二十九日そのシナリオどおり、イスラエルがシナイ半島へ侵攻したのに合わせて、イギリス・フランス政府が兵力引き離しのためにイスラエル・エジプト両国に軍をシナイ半島から撤退するように通告した。ここで撤退に応じないエジプトへの制裁を大義名分としてイギリス・フランス軍が介入し、スエズ運河地帯を占領した。ところが、この露骨な帝国主義的な介入に対しては、冷戦中にもかかわらずアメリカ・ソ連からの批判や警告が寄せられた。さらに第三世界やアラブ諸国から強い非難の声があがり、結局イギリス・フランスはスエズ運河から撤退を余儀なくされ、イギリスのイーデン首相は責任をとり辞任することになった。対照的にエジプトはスエズ運河の国有化を達成したうえに、イスラエルやイギリス・フランスと正面から戦ったことでアラブから喝采を浴び、中東での発言力を確固たるものとした。ナセルは翌年一月に国内のイギリスやフランスの銀行(バークレーやクレディ・リヨネなど)の国有化にも成功している。ナセルはスエズ戦争において軍事的に敗北し政治的に勝利したといわれるゆえんである。

この件をめぐって特記すべきことは、第二次世界大戦後、退潮にあったとはいえ帝国主義的利権に対する大国の執着が強いことと、それに対する危機感と反発がアジアを中心とする新興独立国からの広範な支持の動きにつながったことである。このようなアラブ全体やさらに旧植民地地域の広域的な連帯の考え方は、これまでの文化主義的同一性によるアラブの統合のイメージにもとづくアラブナショナリズムに、新たな局面をもたらしたのである。

PLOの設立をめぐって

イスラエルの設立を直接阻止できなかったアラブ連盟は、一九五七年六月に一〇日間にわたる会議をおこない、アラブ・ボイコット委員会によって経済的な圧力を加えるため、イスラエルに対してサービスあるいは物資の供与契約をしている外国会社のブラック・リストを作成するなどした。他方アラブ連盟が限定的な活動に終始しているなかで、ガザを管理していたエジプトは新たな行動をとった。一九五九年、ナセルが、パレスチナの大義をはたせなかったとして、創設機関であるアラブ連盟にはからずに当時エジプトの統治下におかれていたガザの全パレスチナ政府解散の政令を発すると、影響力を失ったアミン・アルフサイニー[5]はエジプトからレバノンに移った。一九六四年六月ナセルの呼びかけで、第一回アラブ首脳会談(アラブサミット)が開催された。アラブ連盟はパレスチナ人を代表するPLOの設立のおぜん立てをした。初代のPLO議長はアフマド・シュケイリ[6]で、土地と権利回復のための闘争にパレスチナ人を動員し、統率することをめざした。しかし、

5 イギリスのパレスチナ委任統治期に反英・反シオニズム民族運動を指導したパレスチナの指導者(1897～1974)。パレスチナの有力名望家フセイニー家出身で，エルサレムの大ムフティとなり，1936～39年のパレスチナ反乱を指導した。逮捕を逃れ，第二次世界大戦中はドイツに亡命した。戦後は訴追を避けカイロに拠点を移したが，第1次中東戦争でアラブ連盟指揮下のアラブ軍の主導権を握ることに失敗し，自らの軍事組織を結成した。ガザの全パレスチナ政府設立に関わったが，その解体後政治的影響力を失った。

6 初代PLO議長(在任1964～67)。パレスチナ人の父(オスマン帝国議員およびアラブ高等委員会メンバー)とトルコ系の母をもちアッカに生まれる。イギリス委任統治下で弁護士・独立党員となり，シリア国連代表部で働く。1950～56年にアラブ連盟事務総長補佐，その後サウジアラビアの駐国連大使となり，第1回アラブ首脳会議で初代PLO議長に任命された。

PLOの行動指針ともなるパレスチナ民族憲章二四条では「ヨルダン王国の西岸、ガザおよびヒンマ地区において領土的主権を行使しない」とされ、活動の範囲がイスラエル領域内に限定されていた。このように旧委任統治領パレスチナ全土ではなく、イスラエル部分のみでの活動に限定された背景には、一九五〇年に西岸のヨルダン領への併合を宣言しているヨルダンやガザを管理するエジプトの権限の問題が関わっていた。

他方で対イスラエル戦略上アラブの協力を推進しようとするエジプトやシリアに対し、ヨルダンやサウジアラビアは消極的な姿勢を示していた。一九六七年ヨルダンとサウジアラビアは、アラブ統一防衛理事会(アラブ連盟の各国外相・国防相・参謀総長が参加)への不参加を表明し、イスラエルに対抗する「アラブ共同防衛体制」の実質的破綻を導いた。また国内のパレスチナ政治勢力[7]の活発化を警戒するヨルダン政府は、PLOとの対立をさらに深めた。一九六七年三月のアラブ連盟外相理事会でヨルダン代表団は、フセイン・ヨルダン国王の「反動性」を激しく批判するシュケイリ・PLO議長との同席を拒否し、理事会は議題の討議に入る前に大混乱に陥った。シュケイリ議長はかねてからヨルダン領へのアラブ統一軍とPLO部隊の進駐を求めていたが、ヨルダン領内のパレスチナ難民による反政府運動の激化を恐れるフセイン国王から拒否されている。フセイン国王はシュケイリ議長の要求をヨルダン内政への露骨な干渉と決めつけ正面から対立した。

[7] 西岸・ガザ以外では，レバノン・シリアに難民として居住するパレスチナ人と，ヨルダンには国籍をえたパレスチナ難民が多い。このような難民キャンプがパレスチナ武装勢力の活動拠点となることが多かった。

第三次中東戦争とその影響

一九六七年には、シリアやレバノンやヨルダンに拠点をおくパレスチナ・ゲリラからイスラエルに対する攻撃がおこなわれ、逆にイスラエルの反撃による多くの犠牲を払っていた。また戦争直前にソ連諜報部が、イスラエルがシリアへの攻撃を計画しているとの情報を流したため、アラブ諸国とイスラエルの緊張はさらに高まった。ナセルはシリアやヨルダンに対するイスラエルの攻撃に対し有効な反撃ができていないと批判されていたが、エジプト軍をイスラエルとの国境に近いシナイ半島に動員し、同年五月十八日には正式に第一次国連緊急軍（UNEF）[8]の撤退を要請し、さらにアカバ湾を封鎖したためエイラートへのイスラエル船の航行ができなくなった。五月三十日にはフセイン・ヨルダン国王がカイロを訪問し、エジプトとの相互防衛協定に調印し、ヨルダン軍をエジプト軍指揮下におくことが決まった。直後にイラクも同防衛協定に加わっていた。六月五日、イスラエル軍がエジプトとシリアへの電撃的攻撃をおこなうと、戦闘はイスラエル優位のまま瞬く間に終結し、イスラエルはエジプトからシナイ半島、パレスチナからはガザ・西岸、シリアからはゴラン高原を占領した。それまでヨルダンが管理していたエルサレムもイスラエル支配下にはいっ

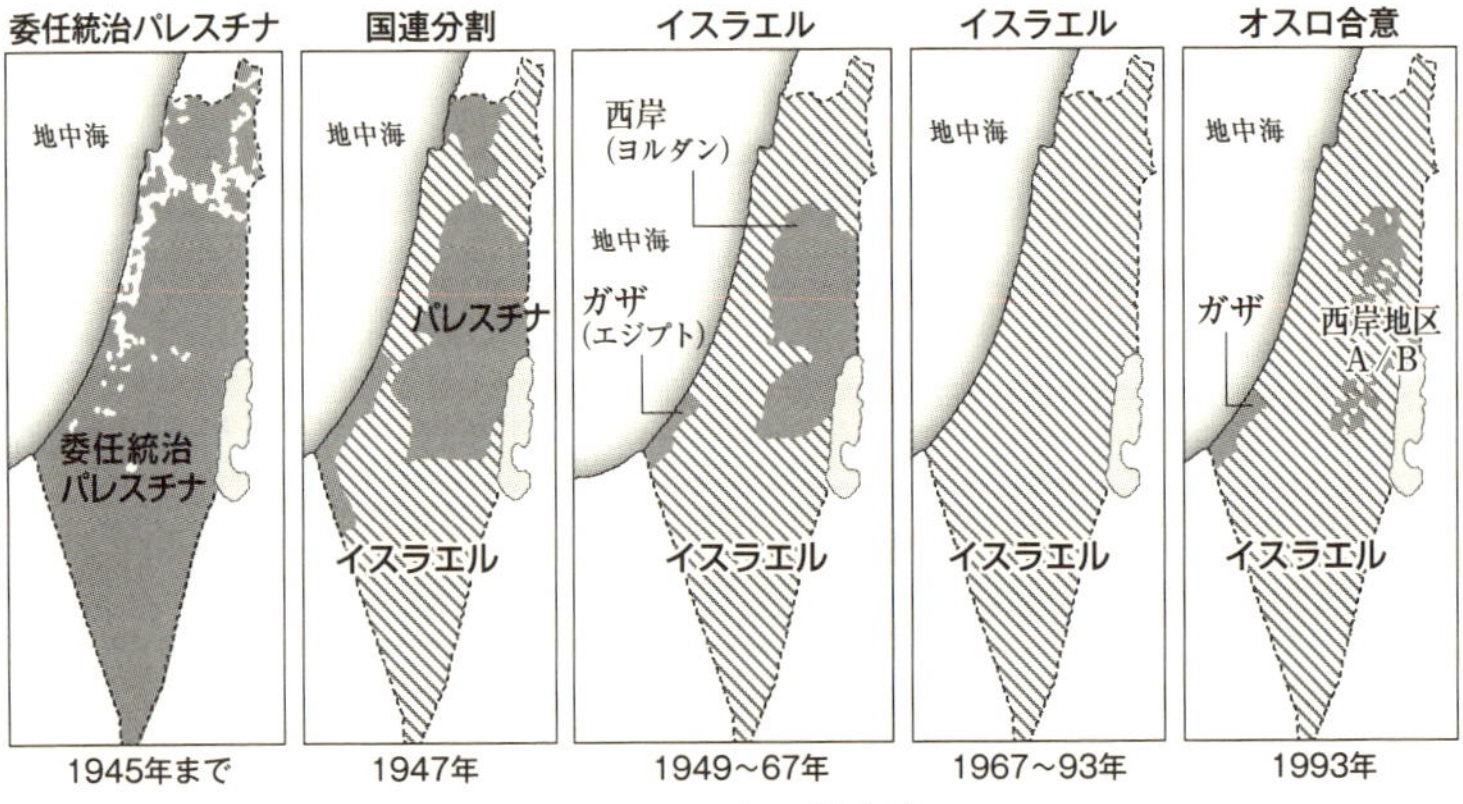

▲ユダヤ人／イスラエルによるパレスチナの土地支配（斜線部）

た。その後これらの占領地問題はイスラエルとの重要な対立点となる。

イスラエルの勝利によって、アラブ諸国はイスラエルを地図上から消滅させるという目的を再考せざるをえなくなった。またアラブ統一の大義に対する支持についても再考を余儀なくされた。戦後処理のため採択された安保理決議二四二号[9]は、アラブ諸国のなかに対イスラエル政策をめぐる大きな波紋を巻き起こすことになった。同決議は間接的なイスラエル国家の承認につながる内容をもっていたが、エジプトとヨルダンがこの決議を受諾したのに対し、イラク・シリア・レバノン・PLOはこれを強く拒否した。創設当初からイスラエルとの対決拡大には消極的であったヨルダンは別として、これまで対決の先頭に立っていたエジプトの受諾表明の影響は大きかった。

アラブ連盟も戦後処理をめぐり混乱に陥った。一九六七年六月、圧倒的な勝利を背景にイスラエルのエシコル首相は、「戦争以前の状態に戻ることには決して同意しない」と述べたが、同年八月のハルツームのアラブ諸脳会議は、「三つのNO」[10]を表明し、イスラエルとの対決姿勢を示すとともに、戦略的観点からアラブ諸国の石油禁輸措置を停止し、直接的被害の大きいエジプトとヨルダンへの経済支援を決めた。しかしその後一九六八年一月にラバトで開催予定であったアラブ首脳会議が、加盟国間の思惑の違いで延期されるなど混乱を極め、同年九月にはチュニジアのブルギバ大統領がアラブ連盟の現在の中東政策が

[8] 第1次国連緊急軍(UNEF I, 1956～67)は対立の停止やフランス・イギリス・イスラエル軍のエジプト領土からの撤退を監視し，撤退後のエジプト軍とイスラエル軍の緩衝軍として機能するために設立された。

[9] 1967年の第3次中東戦争(6日間戦争)への対応をめぐって全会一致で採択された。中東における公正で持続的平和を達成するために，(1)最近の戦争で占領された領地からのイスラエル軍の撤退，(2)あらゆる要求や敵対状態の停止，および当該地域内のすべての国家の主権・領土保全・政治的独立，および武力の脅威や行使をまぬがれた安全で保障された教会内で平和に暮らす権利の尊重と承認，を求めている。

[10] ハルツームのアラブ首脳会談の決議の第3項のなかで，イスラエルとの和平に対するノー，イスラエル承認に対するノー，イスラエルとの交渉に対するノーの3つのノーを表明することで，アラブ側の対決姿勢が示された。

「現実に即していない」として連盟からの脱退を示唆するなど、イスラエルへの敗北を前にしても混乱が続くアラブ連盟への内部からの厳しい批判も生まれた。

理想と現実の葛藤

第三次中東戦争後の和平構築に関して、国際的なレベルでは国連のヤリング特使[11]の調停の試みがあり、ヨルダン・エジプト・レバノンなどが応じる姿勢をみせたものの、占領地からの撤退問題でイスラエル側のかたくなな姿勢もあり失敗に終わった。このためすでにイスラエルとは小規模な軍事衝突を含む緊張を高めているシリアやエジプトは、戦争によっても自らの領土を取り戻すという方向性がでてきた。アラブ連盟統合防衛理事会は一九六九年十一月、最終声明で中東危機の政治的解決への道はすべて失敗に帰したと宣言し、アラブにとっては、軍事的解決のみが残された道であると強調している。また同理事会はアメリカがイスラエルを全面的に支持しており、アメリカの政策は「アラブに対する侵略的な行為」であると非難した。

一方、イスラエルとの戦いにおいて西岸やガザなどを占領され、アラブ諸国に対する期待感を失いつつあったＰＬＯは、イスラエルとの独自の直接対決の姿勢を強めた。これがパレスチナ武装勢力の攻撃に対するイスラエルの反撃にさらされ、また国内でのパレスチ

11 スウェーデンの外交官であるヤリング特使は，第3次中東戦争後，国連事務総長の命で安保理決議242号をもとに，1973年までイスラエルとアラブ諸国の和平構築を試みた。イスラエルとエジプト・ヨルダン・レバノンは彼の調停を承認したが，シリアはイスラエルの撤退が交渉の前提であるとして拒否した。エジプトとイスラエルの和平は，イスラエルの67年ラインへの撤退拒否によって実現しなかった。

ナ武装勢力との間に緊張を募らせているアラブ諸国とPLOの対立をまねくという新たな局面をもたらしつつあった。一九六九年十月、レバノンは同国内のパレスチナ武装勢力の活動をめぐり不安定化している国内情勢討議のため、アラブ連盟の特別会議開催を要請した。イスラエルとあくまで戦い抜くアラファト[12]・PLO議長の姿勢に対し、シリア・イラク・アルジェリア・リビアなどのいわゆるアラブ急進派諸国が全面支持を表明したが、サウジアラビアやモロッコなどの穏健派諸国は沈黙を守った。ナセル大統領はイスラエルとの対抗上アラブの協調を維持しようと、レバノンとPLOの調停を試み、またクウェートやスーダンも調停者として行動した。しかしながら対イスラエル戦略のためにレバノン南部の拠点を維持しようとするPLOの要請は強く、レバノンはイスラエルとの戦場になる危険性を承知しつつも、諸国のアラブ大衆の支持もあり、しだいにその要求を受け入れざるをえない方向に進んだ。一九七五年以降レバノンで内戦が拡大するが、内戦の一因はこの問題ともつながっている。

レバノン以上に国内にパレスチナ人が多く、パレスチナ政治勢力との間に緊張をかかえるヨルダンは、一九七〇年八月から翌年まで内戦状態となった。九月一日にフセイン国王に対する暗殺未遂事件が発生した。アラブ連盟緊急理事会は六日、二日間にわたる秘密会議を終え、パレスチナ・ゲリラとヨルダン政府間の現在の危機をくいとめるため、アンマ

[12] PLOの指導者(1929～2004)。カイロ大学工学部在学中にパレスチナ学生同盟議長となる。1957年クウェートで建設技師となるが，ゲリラ組織ファタハに参加し，69年PLO議長となる。国際的にパレスチナを代表する顔として，パレスチナ人の民族的権利回復のために活躍。82年イスラエルのレバノン侵攻により本拠をチュニスに移したあとも，世界各地でパレスチナの大義を訴え続けた。89年パレスチナ国家の大統領に選任される。一時国際的に苦境に立ったが，93年イスラエルと相互承認を実現，パレスチナ暫定自治協定の調印に導いた。96年パレスチナ暫定自治政府議長に就任した。94年イスラエルのラビン首相，ペレス外務大臣とともにノーベル平和賞受賞。

ンにエジプト・リビア・スーダン・アルジェリア四カ国からなる、紛争解決委員会を派遣することを決めた。しかし七日にはパレスチナ解放人民戦線(PFLP)[13]によって「パレスチナ問題への注目を集める」目的で三機の民間航空機がハイジャックされ、ヨルダン国内やカイロに強制着陸させられ、乗客・乗員を退去させたうえで機体が爆破されるという事件が発生した。十七日未明突発したヨルダン政府軍とパレスチナ・ゲリラとの内戦は、同夜のうちに政府軍優勢の兆候がみえてきた。アラブ連盟常任理事会は同日、PLO代表も加えて、ヨルダン情勢を検討するためカイロで開かれた。ハスーナ・アラブ連盟事務総長が議長を務め、①アンマンでの殺し合いを無条件に停止、②アラブ連盟の調停委員会の任務を遂行しやすくするようなヨルダン情勢の正常化、③アラブ連盟事務局次長のアンマン復帰を要請することを表明した。アラブ連盟のほか、エジプトやチュニジアなどが仲介を試みた。他方で強硬な対応もみられた。シリアは一時的にパレスチナ人擁護のためとしてヨルダン側に軍を越境させ、イラクはヨルダンのアラブ連盟からの除名を求めた。結局ヨルダンからPLOの勢力は力で排除されたため、PLOおよび傘下の急進派勢力は拠点をレバノンに移した。

このようにパレスチナ問題はアラブを統合させるものから、「強硬派」と「穏健派」の対立をともないつつアラブ諸国間の摩擦を生むことが多くなり、アラブ連盟もこの対応に

[13] PLO傘下のマルクス・レーニン主義にもとづく政治組織であり，ジョルジュ・ハバシュを最高指導者としてイスラエルとの妥協を拒否しつつ世俗的で民主的なパレスチナ国家の設立をめざした。1960年代から1970年代前半まで，イスラエルや西側に対する軍事攻撃をおこない，多くのハイジャックを実施した。

翻弄された。第三次中東戦争の敗北に直面し、エジプトのナセル大統領はいち早く安保理決議二四二号の受け入れを表明し、ロジャース提案[14]を受け入れる姿勢をみせ現実的路線へシフトしていった。ナセルはヨルダン内戦にさいしてもヨルダンとパレスチナそして急進派アラブ諸国との間に立って、アラブ連盟の場でも調停役を試みたが、一九七〇年九月二十七日心臓麻痺で急死した。カイロでおこなわれた葬儀には五〇〇万人の市民が集まった。

アルアクサー・モスク放火事件

第三次中東戦争と第四次中東戦争の間、一つの事件がアラブ世界全体を巻き込み、大きな反応を引きおこした。一九六九年八月二十一日、オーストラリア国籍のキリスト教徒の男が、エルサレムにあるアルアクサー・モスクに放火した。男は逮捕され、精神的に疾患があるとされ施設に収容された。しかしこれに対し、犯人がユダヤ機関と関わっていたという情報からイスラエルの関与が疑われ、二十四日にはヨルダン川西岸やガザ住民は、エルサレムのイスラーム評議会の呼びかけに応じていっせいにゼネストをおこなった。アラブ諸国でも強い反発がみられ、イラクでは二十五日、CIAとイスラエルのスパイ容疑者一五人の処刑が実施されるが、この措置は明らかに放火事件の報復措置の一つとみられている。八月末には同放火事件に抗議して二四のイスラーム諸国からの抗議が安保理に寄せ

[14] ウィリアム・ロジャース米国務長官が，第3次中東戦争やその後の消耗戦争などのアラブとイスラエルの対立を終結させるため，ヤリング特使の活動を受けて1970年12月に公表した。エジプトからは好意的な反応をえられたものの，アメリカの国益に反するとしたイスラエルロビーからの反対にあった。

られた。

このような広範な反応は、ムスリムにとって重要な場所が放火されたことへのショックもさることながら、第三次中東戦争でイスラエルが西岸およびガザ地区を支配下におき、とくに東エルサレムも直接の支配下においたことに対する、おもにムスリム住民の強い危機意識が作用したこともあるだろう。アラブ連盟は、これほど拡大した事件に対し二十五日、加盟一四カ国による緊急アラブ外相会議を開催した。アラブ緊急外相会議は二十六日、イスラーム諸国サミットの招集を決定して閉幕した。九月二十五日にモロッコのラバトで、全アラブ諸国およびアジア・アフリカのイスラーム諸国二五カ国の首脳による第一回イスラーム諸国会議が開催され、イスラーム諸国会議機構（ＯＩＣ）[15]が成立した。同会議の準備にはモロッコとサウジアラビアがあたった。この動きには二つの意味がある。一つはアラブ連盟がアラブ諸国の公的機関として宗教的なシンボルに対してこれ以上関わるのを回避したということと、サウジアラビアなどの「穏健派」が宗教的シンボルを操作することで自らの政治的立場を強化することをねらったのではないかという点である。

第四次中東戦争の勃発

一九七三年十月、エジプトとシリアがイスラエルに対して先制攻撃をおこなった。イス

15 1970年に設立されたイスラーム諸国の連帯をはかる国際組織。第4次中東戦争にさいして，イスラエルの占領地からの撤退を求めるラホール宣言を採択した。パレスチナ国家の首都をアル＝クドゥス（エルサレム）であると決議した。80年アフガニスタンへのソ連の軍事介入に一致して反対したが，イラン・イラク戦争の調停には失敗した。

16 エジプトの軍人・大統領（在任1970〜81）。ナセルとともに自由将校団による1952年のクーデタに加わる。ナセルの後継大統領となり，経済開放政策（インフィターハ）を実施したが，インフレや社会格差をもたらし，食糧暴動なども起きた。対外的には，第4次中東戦争を主導する一方，イスラエルとの和平を推進したことでノーベル平和賞を受賞した。81年，サダトの治安対策強化に不満をもった「イスラーム集団」によって暗殺された。

ラエルはヨムキプールの祝日であり、またムスリムのラマダン期間中でもあった。第三次中東戦争以降もアラブ側とイスラエル側との軍事衝突は断続的に展開されていた。とくにエジプトとシリアは、前の戦争で失った占領地の奪還や失地の回復の機会を探していたのである。エジプトはナセル時代のアラブ協調よりも国内の発展を優先する政策を志向するアンワル・サダト大統領[16]が率いていた。他方、シリアは一九七〇年に実権を握り、前政権より現実主義的な方向性を志向し、また前政権の親ＰＬＯ政策に疑念をもつハーフェズ・アサド[17]が率いていた。

緒戦で窮地に立ったイスラエルのゴルダ・メイル[18]首相はアメリカの支援を求めた。最初は消極的であったアメリカも、ソ連がシリアやエジプトへの支援を強化する動きをみせると、イスラエルへの緊急支援を開始した。その後イスラエル軍は反撃に転じスエズ運河をこえ、シリア戦線ではゴラン高原にまで勢いを巻き返した。一九七三年十月二十二日、国連は安保理決議三三八[19]を採択し、戦闘の即時停止を呼びかけると、ようやく十月二十六日に停戦が実現した。翌年一月十八日、イスラエルとエジプトは和平協定に調印した。この協定はシナイ半島内に停戦ラインを設定し国連平和維持軍の駐留を決め、スエズ運河の東岸に駐留するエジプト軍の規模縮小を要請していた。他方イスラエルとシリアは一九七四年五月三十一日に停戦協定を結び、それによって両軍の間に国連の緩衝地帯の設定と戦争

17 シリアの軍人，政治家(1930～2000)。1966年，クーデタでバース党左派が権力を掌握したさい，国防相兼空軍司令官となる。70年無血クーデタで首相に就任。71年2月憲法改正により，同3月大統領(任期7年)に選ばれ，バース党書記長にも就任。78年から大統領に4選された。78～82年，ムスリム同胞団を徹底的に弾圧。イラン・イラク戦争ではイランを支援，湾岸戦争ではアメリカ軍主導の多国籍軍に加わって西側への接近をはかった。

18 政治家・イスラエル首相(在任1969～74)。ウクライナ生まれ。1906年のアメリカ移住をへて，大学卒業後21年パレスチナに移住。イスラエル労働党創設に関わる。

19 第4次中東戦争の停戦を促し，国連安保理決議242号の履行を求め，1973年10月に安保理で採択された決議。第4次中東戦争の全交戦国が受諾した。シリアはこの決議を受諾することによって決議242号をも受諾したとみなされる。

捕虜の交換が決められた。この間、ニクソン政権は産油国と交渉し、またエジプト・シリア・イスラエルの和平達成のため、キッシンジャー国務長官によるシャトル外交を展開し、シナイ半島の一部からのイスラエル軍撤退とイスラエルとシリアとの停戦合意を引き出すことに成功した。六月に石油禁輸は停止された。エジプトは戦争に完全に勝利したわけではなかったが緒戦の成功を強調したサダト大統領は勝利を宣言し、名誉ある平和を求めた。

この戦争はおもにエジプトとシリアによる領土回復戦争として位置づけられる。すなわち、アラブの大義としてのパレスチナ解放を掲げてイスラエルに対しておこなわれた戦争ではなかった。これまでの中東戦争はパレスチナ問題を核にしたイスラエルとの対決が中心であったが、この戦争はあくまで短期間に失地を回復しようとの意図から戦われ、戦った相手がパレスチナの敵イスラエルであったということから、パレスチナ問題と関わりが生じたにすぎない。この戦争へのアラブの対応をはかるためにエジプトとシリアが要請して、一九七三年十一月に開催されたアルジェでのアラブ首脳会議にさいして、イラク・リビアの二国は、この会議が戦争の期間中および同戦争後にエジプトが勝手にとった各種の決定を正当化し、これを押しつけようとするものであると反対して出席を拒否した。このことからも、出席したアラブ諸国も含めてこの戦争がどうとらえられていたかがわかる。

この戦争が国際的な注目を集めたのは、サウジアラビアなどの湾岸産油国が発動したイスラエルとの友好国に対する石油禁輸による石油戦略が、先進国経済に深刻な影響をおよぼし、いわゆる「石油危機」をもたらしたことによる。上記会議での注目点も、むしろこの会議でどの国が輸出禁止措置の適用を受けない「友好国」とされるかということであった。

石油戦略は産油国の資源主権の問題にとどまらず、戦争と連動して発動されることで政治的な効果を生んだが、この点に関しては一九七三年八月に、サダト大統領とサウジアラビアのファイサル国王[20]との間で秘密裏に戦争のさいの石油戦略発動の合意がなされていた。OAPECを中心とする石油禁輸措置によって脅威を覚えた日本[21]を含む西側先進国は、中東政策に関してアメリカから距離をおこうとする国が増えた。なおこの石油戦略は第三世界からも注目され、十一月当時のアフリカ統一機構(OAU)の事務総長は、同機構の緊急閣僚会議で演説し、アラブ産油国に対し、南アフリカ・ローデシア・ポルトガルへの石油禁輸発動を要請するとともに、中東危機の進展は、シオニズムに対するアラブ諸国の闘争と、人種差別主義的政権に対するアフリカ諸国の闘争の類似性をますますはっきりと示したと表明した。

現実主義の拡大とPLOの承認問題

PLOは第三次中東戦争以来、パレスチナ人の独立をめざす民族解放組織としての存在

[20] ファイサル・ビン・アブドゥルアジーズ・アール・サウード(1906〜75)は1964年にサウジアラビア国王に即位し，近代化政策と国内改革を推進した。汎イスラーム主義・反共産主義的傾向をもち，パレスチナ民族主義を支持した。1975年，甥によって暗殺された。
[21] 日本政府は十二月の閣議で，三木副総理の中東諸国への政府特使派遣を正式決定した。

感を増してきたが、一九七〇年代には将来の独立を視野に入れたPLOの地位の向上もみられた。

一九七四年九月二日、アラブ連盟理事会はパレスチナ問題を独立した議題として国連総会に取り上げることを決めた。さらにアラブ連盟理事会は十月三十日「パレスチナ人民の代表、PLOに対し、今総会のパレスチナ問題討議に出席するよう招請する」決議案を上程することを決めた。このような流れのなか同年十月、ラバトで開催された第七回アラブ首脳会議には、リビア・イラクの元首を除くアラブ一九カ国元首とアラファト・PLO議長らが出席した。会議ではサウジアラビアのハッサン国王が演説し、フセイン国王とアラファト議長がこれまでの対立や誤解を克服してアラブの共同行動に加わるよう呼びかけた。決議ではヨルダンの反対があったものの「PLOがパレスチナ人の唯一正当の代表である」ことが認められた。さらに一九七六年五月、PLOの国際的立場を強化するため、PLOを同連盟の完全なメンバーに昇格させるべきであるとのエジプトの提言によって、PLOは他の独立国と同じく投票権をもつフルメンバーとして承認された。

これは、独立をめざすPLOにとっては前進ととらえられるが、その背景にはアラブ諸国とアラブナショナリズムの変化が反映されている。すなわちアラブナショナリズム全盛期にはアラブの共通の大義として、パレスチナ解放への支援はアラブ諸国の義務であった。

しかしその後ワタニーヤ的な一国中心のナショナリズムが主流となるなかで、パレスチナは自らの責任で独立をめざすことが求められることを意味する。これは名目的には国家として扱われても国家としての実態をもたず、各国に活動拠点を間借りしているかたちのPLOにとっては、逆に難しい状況に直面しているとも考えられる。ハイジャックやテロ攻撃も辞さない急進派はもとより、PLOの国際的認知も進み、外交戦略にシフトしつつあるファタハにとっても、困難な状況が生まれることは否めないのである。ヨルダン内戦やまた七〇年代から悪化しはじめたレバノン情勢をみても、そこには自国の安全か民族の大義かという選択があった。これまでアラブナショナリズムの立場からパレスチナ問題を位置づけていたシリアも、アサド政権の登場以来、とくにレバノン情勢をめぐる対立からPLOとの関係が悪化し、一九七六年七月には、シリア当局の干渉を避けるためにアラファト・PLO議長はダマスカスにあるパレスチナ解放軍(PLA)本部をベイルートに移すことを命じている。また、アラブの共通の課題とはいえ、パレスチナ急進派の行動に対しては、加盟国の安全の問題とも関わるためアラブ連盟もこれを座視できなくなっている。一九七三年三月アラブ連盟のリアド事務総長は、「黒い九月」[22]の行動に関連して、パレスチナ人指導者にイスラエルを対象としない行動はとらないようにと警告していた。

[22] 1970年のヨルダン内戦を意味しており，パレスチナ急進派の武装グループが組織名とした。71年11月カイロでヨルダン首相を暗殺，さらに72年5月サベナ航空のハイジャック，73年9月のミュンヘンオリンピック選手村襲撃事件を起こした。構成員はファタハやPFLPのメンバー，さらにはイスラーム主義者も含まれているとみられる。

第5章　アラブ連盟と一九七九年

構造変動のきざし

アラブ諸国にとって一九七九年から現代まで、九〇年をさらなる転換点としつつも、地域の構造的変動の大きな流れが生まれた。一九七九年は中東やアラブ諸国にとっていくつかの大きなできごとが重なった年である。アラブ諸国における現実主義路線の拡大、中東域内における「イスラーム政治」への注目、そして「湾岸問題」の浮上である。まずアラブ諸国では、すでに現実路線に舵を切り、汎アラブ的な行動より自国の独立・発展を重視するようになったエジプトが、アラブ諸国の「敵」と位置づけられるイスラエルと和平条約を結び、アラブ連盟から加盟資格を停止されることになった。しかしエジプトのアラブ連盟復帰までの約一〇年のプロセスにおいて、エジプト自体の変化だけではなく他のアラブ諸国の現実主義志向が表面化することになった。

一方、イランにおけるイスラーム革命は域内政治にも影響をおよぼした。それはムスリムを多くかかえるアラブ諸国にとって衝撃であると同時に、変革されるべき君主制とイラン革命政権によって名指しされた湾岸のアラブ諸国は、直接的な脅威を感じることになったからである。イスラーム革命への対抗と、領土問題をめぐる対立から開始されたイラン・イラク戦争はその後、湾岸戦争(一九九一年)、イラク戦争(二〇〇三年)につながる「湾岸問題」を引き起こした。これは、アラブの安全に関わる問題としてアラブ連盟の活動の重点がパレスチナ問題から湾岸問題に移ったという点で注目される。

キャンプデービッド合意の波紋

一九七八年九月、エジプトはアメリカの仲介でイスラエルとの和平をめざすキャンプデービッド合意を結んだ。エジプト側はアンワル・サダト大統領、イスラエル側はメナヘム・ベギン[1]首相が率いたが、両者の対立をカーター米大統領が仲介し合意にこぎつけた。合意は「中東和平の枠組み」と「エジプト・イスラエル和平条約締結のための枠組み」であった。後者は安保理決議二四二号を支持し、土地と平和の交換を実現するための条約をめざしていた。すなわち、イスラエルがシナイ半島をエジプトに返還し、エジプトがイスラエルと和平条約を結ぶことが具体的な目標であった。しかし、前者に関しては、パレスチナ人の独立権に関わる論争的な表現があったため、エジプトがイスラエルとの単独和平

[1] イスラエル首相(在任1977-1983)。現ベラルーシに生まれ，シオニズム運動に加わり，1942年以降パレスチナに移り，軍事組織イルグン・ツヴァイ・レウミのメンバーとなる。その後，ヘルート党・リクード党で活動した。78年，キャンプデービッド合意成立に関わり，ノーベル平和賞を受賞した。

によってパレスチナを売りわたしたという非難を受けることとなった。本来この枠組みでは、エジプト・イスラエル・ヨルダンそしてパレスチナ人の代表が西岸とガザの将来について五年にわたる三段階の計画を話し合うことが想定されていた。そのなかで西岸とガザにおける完全な自治の実施、イスラエル政府および軍の同地からの撤退、パレスチナ自治選挙の実施、イスラエル軍の再配置が実施されることになっていた。そして五年間の暫定自治期間のなかでの最終地位交渉では、「パレスチナ人の合法的な権利とその正当な要求を認める」かたちで、西岸とガザ、難民問題、イスラエルとパレスチナの紛争全体を解決することになっていた。

エジプト国内では、イスラーム主義者やナセリストや他のアラブナショナリストがイスラエルとの和平交渉に反対した。この合意を支持するアラブ諸国はなかった。パレスチナ人はイスラエルのベギン首相が「完全自治」を極端に狭く解釈しようとしているとしてこれを拒否し、完全な独立を求めた。パレスチナもヨルダンもこの枠組みの実施に関してエジプトとの協力を拒否したため、「中東和平の枠組み」は完全に失敗した。しかし、このときアラブ側から拒否された「中東和平の枠組み」は、その後一九九〇年代の中東和平プロセスのなかで実質的に復活するかたちとなった。また、結果的にアラブ連盟はエジプトの連盟資格を停止したが、実際にはエジプトとの友好関係を維持するスーダン・オマーンの両陣営とその他のアラブ諸国が対立していた。また、当初からエジプトへの強硬な制裁やアメリカに対する石油禁輸決議なども主張するいわゆる拒否戦線五カ国（シリア・リビア・アルジェリア・南イエメン・イラク）とサウジアラビアなど他の「穏健」アラブ諸国との対立がみられた。

また一九七九年三月に通例のカイロではなく、バグダードで開催されたアラブ連盟外相会談では、招待されなかったエジプトのほか、友好国のスーダン・オマーンが欠席するなか、イラクのサッダーム・フセイン[2]革命評議会副議長は冒頭に、「エジプト・イスラエル間の平和条約は敗北の条約であり、エジプトのサダト大統領はアラブの裏切り者だ」と非難した。しかしサウジアラビアのファイサル外相は「サウジアラビアはエジプトと断交したり、援助を打ち切ったりする考えはない」と述べ、強硬な制裁に反対の意向を示していた。これに対しアラファト・ＰＬＯ議長はこのような動きを批判し、退場した。

強硬派が押し切るかたちでエジプトへの制裁が決定されたが、路線対立の維持は困難であり、アラブ諸国を歴訪中のアラブ連盟のクリビ事務局長は、早くも一九八一年十一月、「すべてのアラブの国は、エジプトがアラブ陣営に復帰し、指導的な役割を回復することを期待している」と語っている。また同事務局長は、エジプト・アラブ関係にふれたなかでさらに「アラブの政府高官二人が会えば、かならずエジプトとの和解が話題になってい

2　イラク大統領（在任1979～2003）。アラブ社会主義バース党の指導者であり，同党の政権獲得のきっかけとなる1968年のクーデタで中心的な役割を担った。シーア派住民が6割を占めるなかで，スンニー派出身であった。

る」とつけ加え、アラブ側も外交が断絶しているエジプトとの関係正常化を強く望んでいることを明らかにした。

一九八一年十一月、第一二回首脳会議はサウジアラビアのファハド提案への反対によって中止された。この提案が国連総会で認められたパレスチナ人の権利をアラブが代弁するだけではなく、イスラエルの存在を容認する内容を含んでいたからである。翌年九月、第一二回アラブ首脳会議があらためて開催された。その決議では、イスラエルに一九六七年の占領地からの撤退と占領地内のイスラエルの入植地の撤去、聖地におけるあらゆる宗教の信者に対する礼拝の自由、PLO指導下のパレスチナ人の自決権、西岸とガザの一時的監督、エルサレムを首都とするパレスチナ独立国家の設立、国連安保理決議にもとづく地域内の国家の平和の保障(すなわちイスラエル国家の生存権の承認)を要請する和平案が採択された。このようにパレスチナ問題に関して、サウジアラビアの現実主義的な提案が影響をおよぼすことなどアラブ政治に変化の兆しがみえたが、一九八三年十一月開催予定の首脳会議は、アラファトがPLOの議長を務めることへのシリアの反対や、イラン・イラク戦争でシリアがイランを支持している問題から延期された。

3 パフレヴィ朝(1925～1979年)はイラン革命で崩壊した立憲君主制のイラン王朝。1925年，レザー・シャー・パフレヴィにより創設。41年，イギリス・ロシアの介入で廃位，息子のムハンマド・レザー・シャー・パフレヴィが王位を継承。冷戦期には，イランを西側の同盟国と位置づけてアメリカに接近し，国内的には白色革命により，土地改革・教育改革・女性の政治参加拡大などの近代化政策を推進。他方，農村の疲弊・経済格差・失業・イスラーム指導者や左派など反対派への厳しい対応が国民の反発を呼び，のちのイラン革命につながった。

イラン革命の衝撃

パフレヴィ王制[3]を倒し、一九七九年四月にイランの実権を握ったイラン・イスラーム革命政府の最高指導者ホメイニー[4]は「法学者の統治理論」にもとづいてイスラーム的共和体制の構築をはかった。ホメイニーは、まずアメリカのイランおよび周辺地域からの影響力排除を大きな目標とした。かつて王制時代のイランはアメリカと密接な連携関係にあるサウジアラビアとともにペルシア湾の安定を担う存在として、アメリカの「二柱政策」[5]の一翼を担うものと位置づけられるほどだった。それが正反対の反米的政策を掲げるようになったのである。革命後の混乱のなかで、テヘランのアメリカ大使館がイスラーム革命派によって占拠され館員が四〇〇日間も人質になるという事件も起き、イラン問題はアメリカの中東外交に大きなトラウマを残した。

またこの革命政権の成立は、君主制を打倒しイスラーム共和体制へと転換することへのホメイニーの呼びかけともあいまって、周辺のサウジアラビアやクウェートやイラクその他の湾岸アラブ諸国にとって脅威となった。またこれらの国にはおもにスンニー派が主導権を握るなかで、一定数のイランと同じシーア派住民[6]がいたことも警戒を大きなものとした。またマッカ事件も影響した。一九七九年

4　イランの宗教・政治指導者(1902～1989年)。イスラーム教シーア派の聖職者の家系に生まれ，聖都コムでイスラーム神学教育を受ける。1963年国王の近代化政策に反対，64年国外追放となり，シーア派の聖地ナジャフで「ヴェラーヤテ・ファギーフ」論を説き，反王制運動を呼びかける。78年イラクから追放され，パリ郊外に居を定めて反王制運動をさらに活発化。79年2月1日，イランに帰国し，イスラーム革命を指導。79年12月イスラーム共和国憲法により，国家の最高指導者となる。80年9月に始まったイラクとの戦争をイスラームの信者と不信心者との戦いと規定した。88年7月国連安保理停戦決議を受諾。

5　アメリカの代理となる国家を支援することで地域的安定を達成しようとするニクソン・ドクトリンが背景にある。中東の親米勢力とみなされるイランとサウジアラビアによって，イギリスの湾岸地域からの撤退後の同地域の安定を保とうとする戦略。

6　周辺部の国のシーア派の割合はイラク65～70%，サウジアラビア10～15%，クウェート20～25%，UAE10%，バハレーン65～75%，カタル10%，オマーン5～10%，イエメン35～40%，レバノン45～55%，シリア15～20%。

十一月、サウジアラビアにあるイスラームの第一の聖地マッカの大モスクが数一〇〇人のイスラーム主義者によって占拠され、治安部隊により双方あわせて一〇〇人以上の死者を出して鎮圧された。犯人のほとんどはサウジアラビア人であり、直接イラン革命政府との関係はないものとみなされたが、犯人のなかにはホメイニーの写真をもっている者がいたことや、国内のシーア派による暴動も発生していることから、よりイラン・イスラーム革命に対する脅威感は増した。また一九八二年レバノンにおいてはイランの政治的・経済的支援を受けたヒズブッラー[7]が設立されている。

革命後のイランの政治構造はたしかにイスラーム指導者の権限が大きく影響するものになったが、その一方で通常の内政・外交はおもに現実主義的な判断で運営されている。しかしながら、イランの件を機にアメリカを中心とする国際政治においては「イスラーム政治」という認識枠組みがつくられ、それへの対応が定着しつつある。端的にいえば、イスラーム政治勢力を秩序に対する脅威として受け止め、その脅威を実態よりもかなり大きく設定し、対応を考えることが習いとなりつつある。その点においてイランと距離的にも近く、外部からは「イスラーム諸国」とくくられがちなアラブ諸国は、イランとの関係やその他の国際的行動に関してこの枠で扱われる可能性が出てきた。「イスラーム政治」に関しては、多くのアラブ人も義勇兵として参加したアフガニスタン紛争[8]も影響した。

7 シーア派イスラーム急進派・政治軍事組織。アメリカやGCC諸国，その他の多くの国ではテロ組織と分類されるが，多くのアラブ諸国では解放組織と位置づけられている。レバノン国内では政党として国会に議席を有し，また自らの放送局も運営している。
8 アフガニスタン紛争は，1978年に成立したアフガニスタンの左派政権に対するムジャーヒティーンの蜂起に対抗するためソ連軍が軍事介入し，1989年の撤退まで続いた。アメリカはムジャーヒディーンを支援し，またアラブ諸国からも共産主義の抑圧に直面するムスリムを守るための義勇兵が参加した。そのなかからのちにいくつかのイスラーム過激派グループが生まれた。

イラン・イラク戦争の発生と影響

一九八〇年九月二十二日、イラク軍がイラン西部国境地帯に侵入して戦争が始まった。これに対しイラク側はすでにイランが九月四日にイランが国境付近のイラク駐屯地を砲撃したことから開始されたと主張している。戦争は一九八八年に停戦を迎えた。戦争の原因は、イラクとイランの領土問題や政治問題での対立であった。イラクは、アラブ系住民が多くまた産油地帯である両国国境に近いイランのフゼスタン州の領有を望んだ。イラク大統領のサッダーム・フセインは、両国の境界線となっているシャットルアラブ側の両岸を支配することをめざした。またイランのイスラーム革命のイラク南部シーア派住民への影響を懸念するとともに、大使館占領問題でアメリカと強く対立し、イランが国際的に孤立していることも計算にはいっていた。しかし、イラン側の反撃は激しく戦線は膠着状態となった。状況を打開するために戦争末期には、ペルシア湾をめぐる戦いやミサイルによる都市や石油施設への攻撃がおこなわれた。

この戦争によって少なくともイランの脅威を回避できると考えたサウジアラビアやクウェート、湾岸アラブ諸国は、イラクに対して経済支援をおこなった。また、イスラーム主義の影響力拡大と原油の安定供給への不安から、アメリカも秘密裏にイラクを支援し、戦争末期にはペルシア湾をめぐる安全確保のため湾内に海軍を展開した。これに対してアラブ諸国では、シリアのみが友好国としてイランとの国交を維持し、そのためアラブ諸国で孤立した。シリアは、エジプトと和平を結び勢いづくイスラエルとライバルとしてのイラクに対抗するうえでも、エジプトにかわる域内の同盟関係を模索していた。革命によって体制の変わったイランは格好の相手だった。イランもイラクに対抗するための手段として、またシーア派コミュニティをとおして影響力の拡大をはかるレバノンに接近する手段として、レバノンと歴史的関係の深いシリアとの戦略的提携をはかったのであった。一九八七年十一月にアンマンで開催された緊急アラブ首脳会議では、「イランとの紛争におけるイラクの正当な権利」を支持することを宣言し、イランが国連の停戦提案の受諾を引き延ばしていることを非難した。首脳会議はイラクとシリアの関係修復を呼びかけ、またエジプトの連盟復帰を提案したが、歴史的にはじめてＰＬＯやパレスチナ問題の解決についての言及がなかった。

インティファーダ発生の背景

一九八〇年代、ＰＬＯはアラブ連盟において独立国家としての扱いを受け、また国連においてもオブザーバー資格をえるなど組織としての国際的立場は拡大した。しかし実際の

ＰＬＯの中東における立場は厳しい状況に直面していた。ヨルダン内戦で拠点をヨルダンからレバノンに移したＰＬＯはレバノンにおいても内戦状況のなかで自由な活動は制限されるようになった。さらに一九八二年、ＰＬＯからの軍事攻撃排除を理由にイスラエルがレバノンを侵略し、武装組織だけでなくＰＬＯ関係者を強制的に追放することを求めたさいも、アラブ連盟をはじめアラブ諸国は非難を繰り返すのみで、とくに有効な手立てを講じることはできなくなっていた。そのさい、サブラやシャティーラなどのレバノンの難民キャンプでは、一般住民がキリスト教徒右派グループにより虐殺される事件が発生している。その後ＰＬＯはチュニジアに拠点を移しなんとか活動を続けた。主流派のファタハを中心に現実主義的対応にシフトする動き[9]もみられるようになっていたが、その一方でＰＦＬＰなどパレスチナ解放を求める急進派ないしは原則派の反対もあり決定的な行動はとれず、ＰＬＯの指導部が手詰まり状態になった。そしてアラブ諸国にもパレスチナ問題離れがみられた。そのようななかで一九八七年十二月、イスラエル占領下のヨルダン川西岸でインティファーダ[10]が発生したのである。

インティファーダは一九九三年まで続いたが、イスラエル占領に対するパレスチナ住民の強い不満が臨界点に達したことがおもな原因であった。インティファーダの影響は、(1)占領を続けるイスラエル占領当局への強い抗議の意思が明確に示されたこと、(2)イスラエ

[9] 1985年2月ヨルダンのフセイン国王とPLOのアラファト議長が和平に向けて協力することで合意した(ヨルダン・パレスチナ合意)。ヨルダンはヨルダン王国の主権下にパレスチナ自治を認める構想であったのに対し，PLO側は将来の連邦国家を想定しており，失敗に終わった。

[10] 第2次インティファーダ(2000～06)に対して，第1次インティファーダ(1987～93)とも呼ばれる。西岸でイスラエル軍の車が起こした事故への処理への抗議をきっかけに西岸やガザ内部で広がった広範な占領への抗議運動。ゼネスト・イスラエルへの出稼ぎの自粛・不買運動・占領軍への投石などが展開された。

ル成立からほぼ四〇年、占領が始まって二〇年間現状を変えられないＰＬＯ幹部への不信感が示されたこと、⑶衛星放送などをつうじてパレスチナ問題に対する国際的認識が広まったことである。⑴のメッセージは西岸への領有権を主張してきたヨルダンの西岸領有権放棄につながり、⑵はアラファト・ＰＬＯ議長による事実上のイスラエル承認とパレスチナの部分的独立への具体的な動きをもたらした。一九八九年のカサブランカのアラブ首脳会談では、エジプトの復帰のセレモニーとともに、シリアを除くアラブ諸国の首脳はアラファトのイスラエル容認の動きをやむなしと容認する雰囲気が支配した。また⑶は湾岸戦争時のイラクのサッダーム・フセインのダブルスタンダード[11]発言ともあいまって、アメリカの中東和平問題への対応に一定程度の影響をおよぼした。

また独立国の事例ではないが、インティファーダという大衆の行動から展開した社会運動が、指導部の対外的方針決定という「高度な」政治問題の判断に影響し、それが結果的には中東和平問題へのＰＬＯ指導部の行動を規定していったということは重要な意味をもつ。なお、一九八八年六月のアラブ首脳会談で、アラブ連盟はインティファーダを経済的に支援することに合意し、八九年の首脳会議でも経済的支援を決議している。これは、アラブ世界のパレスチナ支援への実効性の議論は別として、インティファーダが国家とアラブ連盟の関係が中心であったアラブ域内政治のなかに新たな方向性を示したとみることがで

[11] 1990年8月12日，サッダーム・フセインは域内のすべての占領とみなされるものは同時に解決されるべきであると主張。とくにイスラエルがパレスチナやシリアの占領地から撤退すべき旨主張した。アメリカがイラクのみに国際法の原則を押しつけるのは二重基準であると批判した。

きるのではないだろうか。

湾岸危機の展開

一九九〇年七月十六日、イラクのアジーズ外相はチュニスで開催されたアラブ連盟外相会議で、クリビ連盟事務総長にクウェートを非難[12]する書簡を手交した。これを受けてクリビは月末にかけてクウェートとイラクを訪問し調停を試みた。しかし彼の訪問からわずか一週間後の八月二日、イラク軍は国境をこえてクウェートを侵略し、同地を占領したのである。同日カイロで開催された外相によるアラブ連盟緊急理事会は、イラクの侵攻を非難し、それを容認しないとしつつも、連盟内部での解決と外部からの介入に反対する声明を発表した。このあとのアラブ連盟加盟国の対応は、多数のイラク批判派と少数の支持派、そして態度保留派に分裂した。

とくに注目されるのが、戦争におけるサウジアラビアの中心的役割とエジプトの活発な対アラブ諸国外交の再開とシリアのアラブ連合軍への参加であった。エジプトは一九七九年からアラブ連盟加盟資格を停止されており、八九年のアラブ首脳会議でアラブの外交の舞台に復帰したばかりであった。湾岸危機をきっかけに積極的に中東問題に介入する方向に転じようとするアメリカと強いパイプのあるもう一つのアラブの国であるヨルダンは、

[12] 歴史的に本来クウェートはイラクの領土の一部であること，またイラク領にあたる部分から石油を「盗掘」していること，イラン・イラク戦争中のクウェートへの借款の支払い要求が「兄弟国」に対する範疇を逸脱していること，また石油価格維持のためのOPECの生産制限協定を破っていることについて抗議していた。

このとき、国内的事情とイラクへの経済的な関係によって、明確なイラク非難の立場をとれなかった。国内的事情とは、国民の半数を占めるパレスチナ人がイスラエルとの対決姿勢を前面に打ち出しているイラクへの支持の姿勢を示していることであった。また一九八九年に二三年ぶりに実施された選挙の結果、イスラエル国家を承認しない立場のイスラーム系の議員が議会の三分の一の議席をとる躍進をとげたことにフセイン国王が配慮したことである。このような事情もあって、エジプトが外交的に重要な役割をはたすことになったのである。また、シリアはこれまで急進派のアラブとしてイスラエルともっとも対立する国家であったため、アメリカから警戒されていた。しかし冷戦状況が大きく変化しつつあるなかで、経済的な発展を志向するアサド政権はアメリカとの関係修復を模索しており、これを好機として軍をサウジアラビアに派遣することに同意したのだった。

湾岸危機前の一九九〇年五月のバグダードでのアラブ首脳会議では、アラブ連盟はイラクの核兵器開発疑惑に対する西側の懸念に対し、イラクを擁護し西側の懸念を批判していた。しかし、アラブ連盟はそのイラクが明確な侵略行為をアラブ連盟のメンバーであるクウェートに対しておこなうという現実に直面した。しかも危機に直面しアラブ諸国間のあからさまな国家的利害にもとづく駆け引きと、それに対する現実的な対応の要請は、時間をかけた対話と対立のなかから着地点を見出すような古いアラブ政治の枠組みに依拠して

[13] 1991年10月31日，スペイン・アメリカ・ソ連共催。当事者であるイスラエル・パレスチナ・ヨルダン・シリア・レバノンによる和平交渉を決めた。湾岸戦争後，ブッシュ(父)大統領とベーカー国務長官が提案し関係国を招待し実現した。イスラエルと紛争当事国の2国間交渉と重要問題に関する多国間交渉の枠組みが決められた。

きたアラブ連盟の能力をこえていた。混乱にさいして機能不全となったアラブ連盟を尻目に、冷戦を脱した国際社会はこれまでと違うスピード感で動いた。

一九九〇年八月三日、国連安保理はイラクにクウェートからの撤退を勧告し、六日にはイラクへの経済制裁を決定し、十一月二十九日には撤退期限を限定して武力行使を容認する決議を出したのである。一九九一年一月十六日に多国籍軍によるイラク攻撃が開始され、二月二十八日には多国籍軍側の圧倒的勝利のうちに停戦を迎え、イラクは多国籍軍の占領下におかれることになった。

中東和平プロセスと組織改革

湾岸戦争の副産物としてアメリカが主導するいわゆる中東和平プロセス[13]が開始された。一九九一年マドリードで開催された中東和平国際会議において、ソ連をはじめ影響力のある域外の国を含め、アラブ諸国が招待される

国名＼会議名	首脳会議 1990/8/10	外相会議 1990/8/31	外相会議 1990/9/10
エジプト	イラク非難	イラク非難	イラク非難
サウジアラビア	イラク非難	イラク非難	イラク非難
シリア	イラク非難	イラク非難	イラク非難
レバノン	イラク非難	イラク非難	イラク非難
バハレーン	イラク非難	イラク非難	イラク非難
カタル	イラク非難	イラク非難	イラク非難
UAE	イラク非難	イラク非難	イラク非難
クウェート	イラク非難	イラク非難	イラク非難
モロッコ	イラク非難	イラク非難	イラク非難
ソマリア	イラク非難	イラク非難	イラク非難
ジブチ	イラク非難	イラク非難	イラク非難
イラク	イラク支持	欠席	欠席
リビア	イラク支持	イラク支持	欠席
パレスチナ	イラク支持	欠席	欠席
アルジェリア	態度保留	欠席	欠席
イエメン	態度保留	欠席	欠席
ヨルダン	態度保留	欠席	欠席
スーダン	態度保留	欠席	欠席
モーリタニア	態度保留	欠席	欠席
チュニジア	欠席	欠席	欠席

▲表4　湾岸危機をめぐる加盟国の立場

なかで、アラブ連盟はこの会議に招待さえされなかった。これに対し、一九九三年四月アラブ連盟は、中東和平プロセスへの支持を表明した。またイスラエルとPLOの相互承認につながるオスロ合意[14]に関しては、同合意の成立後の九月にアラブ連盟は緊急会議を開き、この合意の承認を表明したが、十一月にはアラブボイコットは継続すると表明した。一九九四年アラブ連盟はイスラエルに投資している国際的企業との取引を禁止する第二次・第三次ボイコットの中止を決めた湾岸協力会議（GCC）[15]を非難するなど、アラブ連盟としては完全な脱アラブナショナリズム化に踏み切ってはいない。

その一方で、一九九三年のオスロ合意をへた、多国間中東和平プロセス（MMEPP）は、和平そのものというより地域が直面している構造的変化を体現していた。それは、少なくとも公的に地域を構成してこなかったイスラエルとアラブ諸国を、和平構築という立場から共通の地域的組織的枠組みで扱う機会を生み出した。アメリカ主導ではあったが、MMEPPやその波及的事象（中東・北アフリカ経済サミット、地域銀行設立）が、石油政策の行き詰まり・官僚主義の弊害・軍事的支出拡大などによるアラブ諸国の経済的苦境を多少なりとも改善できるのではという期待があった。また、バルセロナ宣言に示されるEUと地中海東・南諸国とパレスチナ自治政府を含む補完的で多元的な枠組みの構築などが、地域機構としてのアラブ連盟の存在に危機感とともに刺激を与えた。

14 1993年にオスロにおいてノルウェーの首相の仲介による秘密交渉でイスラエルとPLOの間で締結された一連の合意。マドリード会議では実現しなかったPLOとイスラエルの直接交渉とのちのパレスチナ暫定自治のきっかけとなった。

15 湾岸のアラブ6カ国による地域協力機構。イランのイスラーム革命，ソ連のアフガニスタン侵攻，イラン・イラク戦争の勃発などで安全保障上の危機を感じたサウジアラビア・クウェート・カタル・バハレーン・UAE・オマーンにより1981年5月に発足。本部はリヤード。経済協力を第一の目標に掲げ，安全保障や治安面での協力もめざす。91年の湾岸戦争では反イラクで結束し，安全保障面ではアメリカへの依存を高めた。

ＭＭＥＰＰに関わる各代表団はそのプロセスに収斂する課題をもって臨んでいた。例えば、パレスチナ自治政府はＭＭＥＰＰを地域の「新参者」とみられているイスラエルとアラブ諸国の橋渡しをする機会とみていた。そこでパレスチナ自治政府は、間接的に国家へのパレスチナ人の要求を支える多くの組織を新設することを主張した。またヨルダンは、ＭＭＥＰＰをこの国の予測可能性や安定性を獲得する機会とみて接近していった。ヨルダンはこうして、多国間関係における重要な仲介者となった。エジプトは、ＭＭＥＰＰがイスラエルと初めて和平条約を結んだアラブ国としての、エジプトのアラブ世界におけるリーダーシップを高めることを期待した。ＭＭＥＰＰはまた報酬（投資、援助、その他の支援）を提供する一方、汎アラブ主義者や新たに勢いを増したイスラーム主義者、そしてシリアやイラクなどこのプロセスと距離をおく「部外者」には参加しないことのデメリットを知らせるという特徴を有していた。

ＭＭＥＰＰは、アラブ諸国の政治・社会の現状改善への大きな影響力をもった。そのなかで、各種国際機関・関連諸国・ＮＧＯなどが、地域平和や安全・環境・地域経済発展のための、実質的・手続き的問題に関する極めて実質的かつ効率的な作業を展開した。これによってＭＭＥＰＰは、非公式的・試行的性格でありながらも、地域の変革を促すものとなった。

このような地域内の変化は、一九七九年以来の大きな変化に直面してきた連盟の懸案である組織改革の動きをさらに刺激した。改革の要請は、(1)一九四五年当時の状況にもとづいて制定された連盟憲章は、アラブ人民を取り巻く状況にそぐわなくなっている、(2)三〇年以上前に特定の条件のもとで七カ国の批准によって成立した憲章は、各国の現在の能力と願望や直面する危機に鑑みて、加盟国間の調整機能をはたすのに十分とはいえない、(3)不成功に終わったものの、これまでもたびたび憲章改正の試みがなされてきたこと、などが背景となっている。一九九〇年代を経験し、より重要な問題としては、アラブ司法裁判所や広範な問題に対応できる強制装置をどのように設定するかなどである。

セキュリティ問題の進展

一九七九年以降、湾岸での危機が進行するなかでアラブ諸国の安全保障の問題が重視された。これはパレスチナ問題の場合のように、民族の大義をめぐる正統性の問題というよりは、各国がその体制や国家の安定をどう保つのかという問題であり、そこにはそれをどう効果的に実現するかという極めてプラグマティックな要請がある。具体的にはイランやイラクなどの域内軍事大国にどう対処するか、またアラブ諸国間でも問題になりつつあるおもにイスラーム急進派によるテロへの対策が急務とされるようになった。ＧＣＣ諸国は湾岸戦争後それをアメリカに依存することを明確に打ち出した。また、ヨルダンやエジプトなどのイスラエルと国交を樹立した国も、民族的正当性をめぐる紛争ではなく、国家の安全保障対策を重視しはじめたのである。とくにテロ問題に関しては、二〇〇一年以降、おもにアメリカをはじめとする外部からの要請が強くなる前からアラブ諸国間での対応がみられた。

そこには一九九〇年代以降、アラブ諸国政府がイスラーム過激派のテロへの対応に苦慮するという事情があった。とくにアルジェリア・エジプト・パレスチナ・サウジアラビアなどでは、テロをいかに効果的に阻止するかが問題となっていた。すなわち、北アフリカではアルジェリアのおもにGIA(イスラーム集団)によるものとみられるテロ事件が頻発し、エジプトにおいてもおもに政府要人や観光客を狙ったテロが頻発し、国民の間に危機感が広がった。東アラブにおいては、レバノンのヒズブッラーやパレスチナのハマース[16]とイスラエルの間の衝突がきわだっており、とくに西岸とガザにおける暫定自治開始後は、暫定自治政府とイスラエル政府の政治的交渉の障害となっていた。

このような背景のもとに、アラブ連盟では、テロをアラブ諸国の重要問題として検討することになった。この協定はアラブ諸国がテロについて対応したはじめての協定であるが、これはアラブ連盟と加盟国による国際的テロに関する協力のレベルを最大限にしようとす

[16] イスラーム抵抗運動の意。1987年パレスチナの占領地で設立され，ムスリム同胞団の系統のスンニー派のイスラーム系政治組織であり，基本的にイスラエルの存在を容認せず(近年，内部で論争もある)，解放されたパレスチナにイスラーム国家を樹立することをめざす。カッサーム旅団という軍事部門も擁する。アラブ諸国では政治組織とされるが，日本を含む欧米の多くはテロ組織と分類する。

る努力のあらわれである。この協定を理解し、分析するためには、それがアラブ連盟のなかでテロに関する協力拡大の長いプロセスの一部であるとみなす必要がある。一九九四年に採択されたテロと対決するためのアラブ戦略が採択されると、九八年四月には地域的暫定協定が採択され、アラブ連盟一六カ国が署名した。協定は、テロ行為を定義し、それをほかの行為と区別し、テロを非合法化し、さらにほかの反テロに関するほかの国際協定と結びつけている。

テロリズムの定義は、アラブ諸国においては論争的な問題であるが、一九九八年の地域的暫定協定第一条第二項で、「動機や目的がどのようなものであれ、個人的・集団的犯罪計画の推進のために発生し、人々に危害を加え、その生命・自由・安全を危険にさらすことで人々にパニックを引き起こそうとし、あるいは環境または公的・施設および財産にダメージを与え、またそれを占領・奪取しようとし、あるいは国民的財産を危険にさらそうとするあらゆる暴力行為、あるいはその脅し」と定義されている。ただし、以上の定義に対して、「国際法の原則に一致して、外国の占領、また解放や自決への抑圧に対する、武装闘争を含むあらゆる手段によるすべての闘争の場合は、テロ行為とみなされない。この条項はいかなるアラブ国家の領土的統一を侵害する行為にも適用されない」(第二条(a))として、パレスチナの占領に対する闘争の場合は、正統な行動として擁護されることが保証されている。

それについては、以下のような主原則が合意され、それに従って協力の内容が決められている。

(1) とくにイスラームのシャリーアの規定やアラブ民族の人道的伝統などの、暴力やテロを非難し、人権の擁護や平和のために社会間の協力を強調する、高いモラルや宗教的伝統を支持すること。

(2) アラブ連盟憲章・国連憲章・国際法、その他関連する国際間の合意を支持すること。これらは、国際社会がすべての者にとっての平和と安全を求める源泉である。

(3) テロリストの犯罪と外国の占領や侵略に対する国際法の原則にもとづいた闘争の区別。

(4) 安全の分野におけるアラブの司法的協力や協調の強化と司法的運用手段の合意された基盤によるそのような協調のための共通の地歩の確立。

(5) この合意の共通の民族的な目標達成のための、この合意の条項と各国の法や処置との調整。

概して、脱アラブアイデンティティの傾向が拡大しつつあるとはいっても、とくに大衆の動向を意識したときに「アラブ世界」でアイデンティティに抵触する対応をすることは、困難をともなう。その点、大衆も被害者となるテロ行為に対する一般的嫌悪や恐怖は共有されている。主要原則には伝統的なモラルや宗教的伝統の価値の重視や、「テロ行為」からはパレスチナ人の権利を想定した限定を設け、アラブ諸国においてより受け入れられやすい表現をとることで、反発を呼びやすい欧米の押し付け（あるいはそれへの従属）という印象をやわらげ、地元を知る地域機関ならではの対応を示している。それだけに、これは一般的犯罪行為への対応と同様に、域内の反テロ・レジーム形成に対する抵抗感を減じる効果があるものと思われる。さらにテロ対策をつうじた、現場での法的・組織的情報の交換、システムの構築の経験はアラブ諸国の機能的協力のための、訓練の場となることも考えられる。こののち、対テロ対策をめぐる、アラブ連盟の活動は継続的におこなわれ、二〇〇七年には国連に提出されたワーキングペーパーで国際機関との協力のもとに、この取り組みをさらに推進することをあらためて確認している。

また、アラブ連盟は、二〇〇六年、イスラエルのレバノン侵攻非難とともに、イスラエルの攻撃を誘発するような行為に対しても（すなわちヒズブッラーの行為）、それが「地域の安全や安定を脅かす混乱を引き起こすような……行為を関係者がしないように」と注意を喚起しており、これはテロやそれに類する行為への連盟としての公的立場を示すものとして注目される。また、二〇〇八年ダマスクス首脳会議の公式声明でもあらためて「あらゆる種類のテロを非難する」旨の言及がみられる。おもに湾岸問題から拡大したセキュリティの問題は、アラブ連盟が正統性をめぐる争いと政治的駆け引きの場から加盟国の安全や発展を達成するための協力機能をアラブ諸国の独自性を反映しつつも、グローバルな基準とすり合わせて発展させるという点で新たな局面をもたらしたとみなされる。

その一方で、おもにアメリカなどの意向が強く反映されるグローバルな基準に関しては、アラブ世界の独自の立場を主張する場合もみられる。例えば一九九八年、アラブ連盟事務総長はアメリカ・イギリスによるイラクの戦後制裁への違反を理由にした軍事力行使を非難したし、アラブ連盟はケニアとタンザニアのアメリカ大使館への爆弾攻撃などについては非難声明を出す一方で、アメリカのアフガニスタンおよびスーダンに対するミサイルの報復攻撃を非難している。二〇〇三年、イラク戦争後、クウェートを除くすべてのアラブ連盟加盟国は、イラクからのアメリカ・イギリス軍の無条件即時撤退を要請する決議に賛成した。またパレスチナ局面での独自の判断もみられる。その一例として二〇〇六年、イスラエル軍によるベイト・ハヌーン事件[17]を機に、ガザ地区内の銀行の活動を認めることによりハマースのパレスチナ政府[18]に対する経済制裁を破る決断をした。このような立場の正当性は別として、世界に基準の統一と実施を迫る国際問題のセキュリティ化現象に対して、地域的事情や判断の余地を求めることは議論喚起や歯止めとしても必要であり、そのような点からアラブ連盟が独自の判断を示すことは重要性をもつ。

[17] 2006年11月8日イスラエル軍がガザ地区のベイト・ハヌーンを砲撃し，パレスチナ人19人が死亡し，40人以上が負傷した。イスラエル側はパレスチナ武装勢力によるカッサーム・ロケット砲の攻撃を阻止するためだったが，技術的ミスで同地に着弾したと説明。

[18] 2006年パレスチナ暫定自治区の議会選挙において，主流派のファタハを破り，ハマースが勝利しハニヤ政権が誕生した。しかし，欧米諸国はこれを認めず，事実上の経済封鎖状態におかれ，ほぼ1年後にはガザをハマース，西岸をファタハが実質支配する分裂状況が生じた。

「アラブの春」への対応とアラブ連盟の可能性

依然として流動的な状況でもあり軽々に確定的なことはいえないが、最後にアラブ連盟の今後の方向性にとって重要と思われる、一連の「アラブの春」[19]をめぐるアラブ連盟の動向についてふれておきたい。二〇一〇年十二月のチュニジアで、警官の暴行に抗議し焼身自殺をはかった一青年の行動をシンボルとして、政府に民主化と改革などを求める全国的な抗議運動が一気に広がり、ベンアリ[20]大統領は国外に脱出し政権は崩壊した。これに呼応するように、一一年にはエジプト・リビア・イエメン・シリアなどで民主化を求める運動が展開された。同年二月、エジプトでは約三〇年続いたムバーラク[21]政権が崩壊し、一二年にはイエメンでも北イエメン時代を含めると三〇年以上続いたサーレハ体制が崩壊した。リビアでは政府軍と反対派との武力衝突やNATOの介入など内戦状態をへて、拘束された直後に反対派に殺害されるという衝撃的なかたちでカダフィ政権が崩壊した。シリアは一一年三月から内戦状態が続いている。

二〇一一年一月の時点でムーサ事務総長は、チュニジアの政変にさいし、アラブ諸国の指導者に対しての政治変動を引き起こした諸問題につき、アラ

[19] 2011年1月チュニジアの反政府運動が周辺諸国の改革運動に波及する兆候がみえたときに，中東政治の研究者マーク・リンチがネット上で「オバマのアラブの春」というタイトルで投稿したことが最初といわれている。

[20] チュニジアの政治家・大統領(在任1987～2011)。フランスの陸軍士官学校と砲兵学校で軍事教練を受け，アメリカで工学を学ぶ。軍治安司令官，内務省治安局長，内務省治安長官を歴任し，1986年に内務大臣に就任。イスラーム主義組織の摘発をおこなった。87年首相に就任すると，ブルギバ大統領を職務遂行不能として解任，大統領に就任した。91年ナフダ党の活動を禁止し，イスラーム主義武装勢力を弾圧し，人権政策をめぐって批判が増大した。2009年に5選をはたしたが，10年12月末，大統領の辞任を求めるデモが発生，11年1月，サウジアラビアに亡命。

[21] エジプトの軍人・政治家(1928～　)。1949年エジプト陸軍士官学校卒業，50年空軍士官学校卒業。72年空軍総司令官。75年4月副大統領。81年10月サダト大統領暗殺にともない，国民投票により大統領に就任。イスラエルとの和平路線を踏襲し，アメリカとの良好な関係を築いた。91年の湾岸戦争では反イラクの態度をとり，サウジアラビアに派兵。2005年には大統領5選をはたした。11年1月大規模な反政府デモが勃発，同年2月大統領を辞任した。

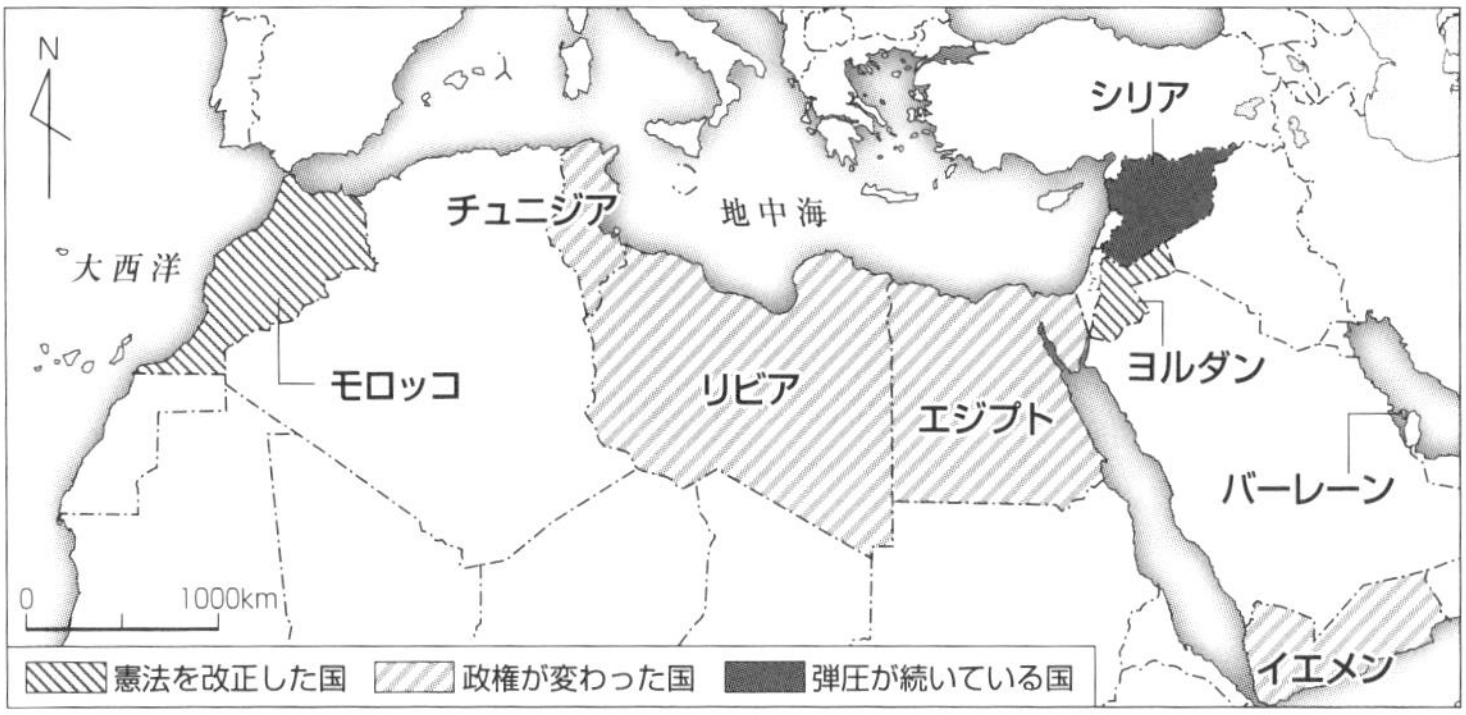

▲「アラブの春」と中東・北アフリカ地域(2012年5月)

▲民主化を求める群衆が集まったタハリール広場　中央左の白い建物がアラブ連盟本部(2011年11月18日)

ブ諸国指導者に共通の問題として留意するよう述べるなど、やや慎重な姿勢だったが、エジプトでも反対運動が広がると「改革は即座におこなわれなければならならず、それは維持されなければならない。人々のメッセージは明確である」と述べ、より積極的に改革側に立った姿勢を示すようになった。

アラブ連盟は、国民に対し暴力的な対応に終始したリビアやシリアに対しては、より明確な対応をとるようになった。一一年二月にはリビアに連盟会議への参加を禁止し、三月にはリビア空軍に対する国連の攻撃承認決議を支持する姿勢を示した。またアラブ連盟はシリアに対しては同八月には国内の反政府運動に対するシリア政府の抑圧を非難、暴力の停止を要求し、同十一月には反対派との停戦合意に違反したことで、シリアの連盟加盟資格停止を決定した。同十二月から翌一月にかけてシリアに監視団を派遣し調停を試み失敗すると、バッシャール・アサド[22]大統領辞任を求める国連安保理決議への支持を表明。さらに一三年三月のドーハでのアラブ連盟会議へのシリア反対派の出席を求めるなど明確にアサド政権に反対する立場をとった。

なお、二〇一一年五月、ムーサ事務総長が辞任するのにともない、後任の事務総長の選出が問題となった。歴代の事務総長はエジプトの連盟資格停止中を除いてすべてエジプト人が占めており、今回もエジプトの候補者が有力視された。しかしながら当初、エジプト

[22] シリアの政治家。大統領(在任2000～)。父のハーフェズ・アル・アサドのあとを継いで大統領に就任。1988年にダマスカス大学医学部を卒業，その後ロンドンに渡ったが，父の後継者とみなされていた兄のバジルが交通事故で死亡したため帰国。2000年6月父が死亡すると，6月18日に与党バース党の総書記に任命され，同7月10日大統領(任期7年)に選出。2005年初頭にレバノンのハリリ前首相の暗殺後，欧米とアラブ諸国からの圧力を受け，レバノンに駐留していたシリア軍を撤退させた。2007年，大統領に再選された。

が候補者としたムスタファ・フィキー・アラブ連盟エジプト代表は、ムバーラク政権下で要職を務めたことから反対を受け、エジプトの暫定政権のアラビー外相に差し替えられた。これを受け、カタルが候補者を取り下げ、満場一致で同外相が選ばれることになった。湾岸からの候補者がノミネートされたのはアラブの政治地図の変遷を反映しているが、民主化の流れを代表するアラビー氏を全会一致で支持したのもいわばこの時代を象徴している。アラブ連盟本部の建物は、まさに「一月二十五日革命」のシンボルになったタハリール広場に面し、エジプトの改革運動の熱気に日々さらされていた。

アラブ連盟は、アラブ諸国の独立とともに発展してきた。そのなかで、アラブナショナリズムとの関係をめぐりアラブ連盟の役割も変化してきた。当初はアラブ統一のかたちをめぐりいくつかの有力なアラブ諸国のせめぎあいに始まり、エジプトやシリアを中心とする共和型のアラブナショナリズムと各国のナショナリズムとの葛藤の場となってきた。そのなかで、アラブ連盟は限定的なかたちで地域的な紛争に関与し、そのいくつかの解決に関わり、また多くの場合失敗を経験してきた。とくに、さまざまなかたちでアラブナショナリズムや各国ナショナリズムと連動し、アラブ連盟もその解決を主要な課題としてきたパレスチナ問題の解決は端的にいって失敗し、限定的な権利の獲得に問題はシフトしつつある。例えば、アラブ連盟も働きかけ、二〇一二年十一月、パレスチナの国連における資格をオブザーバー資格から、フルメンバー資格に格上げすることに対する投票は一九三加盟国中一三九カ国の賛成(四一カ国棄権)で可決された。アラブ連盟は、独立・解放・統合から社会開発・人権・民主主義の発展にシフトしつつある。しかし後者に関しては、地域的事情に応じた修正(あるいは反動)の動きのなかで、アラブ諸国をどう交通整理していくかがアラブ連盟の新たな課題である。いうまでもなくそれは、アラブナショナリズムの時期以上に困難な課題であろう。

参考文献

アラブ連盟駐日代表部『アラブ連盟』一九八一年

飯塚正人『現代イスラーム思想の源流』（世界史リブレット）山川出版社、二〇〇八年

加藤博『ムハンマド・アリー――近代エジプトを築いた開明的君主』（世界史リブレット）山川出版社、二〇一三年

小杉泰『現代中東とイスラーム政治』昭和堂、一九九四年

佐藤次高『イスラーム――知の営み』（イスラームを知る1）山川出版社、二〇〇九年

私市正年『原理主義の終焉か――ポスト・イスラーム主義論』（イスラームを知る11）山川出版社、二〇一二年

国分良成・酒井啓子・遠藤貢編「地域から見た国際政治」『日本の国際政治学3』有斐閣、二〇〇九年

吉川元・中村覚編『中東の予防外交』信山社、二〇一二年

吉村慎太郎『イラン・イスラーム体制とは何か――革命・戦争・改革の歴史から』書肆心水、二〇〇五年

末近浩太『イスラーム主義と中東政治――レバノン・ヒズブッラーの抵抗と革命』名古屋大学出版会、二〇一三年

J・F・ゲイロー、D・セナ（私市正年訳）『テロリズム――歴史・類型・対策法』白水社、二〇〇八年

Acharya A. and Johnston A. I., *Crafting Cooperation: Regional International Institutions in Comparative Perspective*, Cambridge, 2007

Avi Shlaim, *War and Peace in the Middle East*, New York, 1994.

Barnett, Michael N., *Dialogue in Arab Politics*, New York: Columbia University Press, 1998.

T.E.Farah ed., *Pan-Arabism and Arab Nationalism; The Continuing Debate*, Colorado, 1987.

P.Matar ed. *Encyclopedia of the Modern Middle East & North Africa Second Edition* (4vols), 2004.

Hussein A. Hassouna, *The League of Arab States and Regional Disputes,* New York, 1975.

Dawisha, *Arab Nationalism in the Twentieth Century:* From Triumph to Despair, Princeton, 2005.

Ryiad, Mahmoud, *The Struggle for Peace in the Middle East,* London : Quartet Books, 1981.

Zacher, M. W., *International Conflicts and Collective Security, 1946–77; The United Nations, Organization Of American States, Organization of African Unity, and Arab League,* N. Y. : PRAEGER , 1979.

アラブ連盟関連年表

西暦	おもな事項
1945	アラブ連盟設立
1950	アラブ連盟加盟国，合同防衛・経済協力協定に調印（6月）アラブ連盟SG，国連オブザーバーに任命（11月）
1958	アラブ連盟，国連により承認
1964	第1回アラブ首脳会議（カイロ）
1979	エジプト，アラブ連盟資格凍結（1989年まで）
1990	緊急アラブ首脳会議，イラクのクウェート侵略を非難（8月）
1994	アラブ連盟，GCC諸国の対イスラエル2次，3次ボイコット停止決議に対し，ボイコット停止は連盟理事会によるべきと非難
1995	トルコのティグリス・ユーフラテス川上流での建設事業の影響に関するシリア・イラクの抗議に応じ，連盟は両河川を関連3カ国が共有すべきと表明
1998	アラブ連盟SG，イラクに対する武力行使およびその脅迫を非難
2001	アムル・ムーサをアラブ連盟SGに指名
2002	アラブ首脳会議，サウジアラビアによるイスラエルとアラブ諸国の関係正常化提案（アブドッラー提案）を支持
2004	ダルフール問題をめぐるカイロ緊急会談，連盟はスーダンに対する制裁や軍事介入に消極的姿勢を示す（8月）
2005	アラブ首脳会議（アルジェ），アブドッラー提案を再提案（3月）
2008	アラブ連盟，国際司法裁判所（ICC）によるスーダンのバシール大統領に対するダルフールでの戦争犯罪とジェノサイドによる逮捕請求を非難（7月）
2011	ムーサSG，チュニジアの政治変動を引き起こした諸問題につき，アラブ諸国指導者に共通の問題として留意するよう警告（1月）　アラブ連盟，リビア空軍に対する国連の攻撃承認決意を支持（3月）　ナビール・アルアラビーをアラブ連盟SGに指名（5月）　アラブ連盟，反対派への軍事行動停止と対話開始の合意違反により，シリアの加盟資格停止を決定（11月）　アラブ連盟，シリアに監視団を派遣（12月）
2012	アラブ連盟，シリア監視活動中止，アサド大統領辞任を求める国連安保理決議への支持を表明（1月）
2013	亡命シリア反対派に対し，アラブ連盟会議（ドーハ）への参加を提案（3月）　アラブ連盟会議（カイロ），国連および国際社会に対しシリアに対する「抑止」行動を要請（9月）

北澤義之（きたざわ　よしゆき）

1956年生まれ。

東京外国語大学外国語学部卒業。

東京外国語大学地域研究研究科修了。修士(国際学)。

専攻，地域研究，国際関係論。

現在，京都産業大学外国語学部国際関係学科教授。

主要著書（いずれも共著）：『20世紀のアメリカ体験』（青木書店 2001），『民族共存の条件』（早稲田大学出版部 2001），『イスラーム地域の国家とナショナリズム』（東京大学出版会 2005），『中東の予防外交』（信山社 2012），『グローバル・ガヴァナンス論』（法律文化社 2014）

図版出典一覧

Ḥuṣrī, Abū KhaldūnSāṭiʿ, *al-Aʿmāl al-Qawmīyah li-Sāṭiʿ al-Ḥuṣrī*, Beirut, 1985　*36*
Mahmūd Riyād, *Mudhakkirāt Mahmūd Riyād*, Cairo: Dār al-Mustaqbal al-ʿArabī, 1985.　*11*右下
Nabīl ʿArabī, *Ṭābā Kāmb Dīvīd al-Jidār al-ʿĀzil*, Cairo: Dār al-Shurūq, 2011.　カバー裏, *11*左下
Sijill al-Hilāl al-Muṣawwar, 1892-1992, Cairo: Dār al-Hilāl, 1992. Vol.1　*11*右中, *11*左中上
アラブ連盟駐日代表部『アラブ連盟』東京：アラブ連盟駐日代表部, 1981　*9*, 11左上
PPS通信社　カバー表, *11*右上, *11*左中下

イスラームを知る22

アラブ連盟《れんめい》　ナショナリズムとイスラームの交錯《こうさく》

2015年2月20日　1版1刷印刷
2015年2月28日　1版1刷発行

著者：北澤義之《きたざわよしゆき》

監修：NIHU(人間文化研究機構)プログラム イスラーム地域研究

発行者：野澤伸平

発行所：株式会社 山川出版社

〒101-0047　東京都千代田区内神田1-13-13
電話　03-3293-8131(営業)　8134(編集)
http://www.yamakawa.co.jp/
振替　00120-9-43993

印刷所：株式会社 プロスト

製本所：株式会社 ブロケード

装幀者：菊地信義

 ISBN978-4-634-47482-6